Katharina Schridde

Die Urkraft der Liebe

Ermutigung zum erfüllten Leben

Präsenz

Katharina Schridde

Die Urkraft der Liebe

Ermutigung zum erfüllten Leben

Präsenz

Quellennachweis für sämtliche Bibelstellen:

Lutherbibel, revidierter Text 1984, durchgesehene Ausgabe in neuer Rechtschreibung, © 1999 Deutsche Bibelgesellschaft, Stuttgart

Bibliografische Information der Deutschen Bibliothek

Die Deutsche Bibliothek verzeichnet diese Publikation in der Deutschen Nationalbibliografie; detaillierte bibliografische Daten sind im Internet über http://dnb.ddb.de abrufbar.

Umschlaggestaltung: Schupmann + Partner, Mainz
Druck: CPI books GmbH, Ulm

ISBN: 978-3-87630-207-2

www.praesenz-verlag.de

Inhalt

Vorwort

„Kennst du diese Geschichte?“ Meine Freundin schaut mich fragend an, während ich das Buch aus ihrem Regal in der Hand halte. Um uns herum Bücherstapel, ziemlich willkürlich geordnet oder nicht nach der Frage, ob sie den nächsten Umzug noch mitmachen werden oder zurückbleiben und in einem Basar auf neue Leser und Leserinnen hoffen können.

Dieses Buch in meinen Händen weckt Erinnerungen. Ja, ich kenne sie, die Geschichte von Aimée und Jaguar, wenn auch vermutlich sieben Leben vergangen sind, seit ich sie gesehen habe. Eben nur gesehen, nicht gelesen. Damals, als ich als sehr junge Frau in Berlin lebte, war diese Geschichte das, was junge Menschen heute vermutlich „Kult“ nennen, nicht gerade öffentlichkeitswirksam, aber in einem bestimmten Kreis von Menschen geradezu der Inbegriff einer Liebe gegen alle Widerstände und lebendig weit, weit über den Tod hinaus, eine Geschichte über die Liebe schlechthin, gegen alle Konventionen und einem jähen Ende preisgegeben: Jaguar, die Geliebte, wird als Jüdin deportiert und stirbt in einem Konzentrationslager. Ihre Freundin, Aimée genannt, bleibt ihr bedingungslos treu über den Tod hinaus und droht an ihrer Trauer zu zerbrechen, bis es ihr Jahrzehnte später mithilfe einer Journalistin gelingt, als nun schon sehr alte Frau über diese Liebe zu sprechen. Es entstehen Buch und Film mit dem Titel *Aimée und Jaguar* und dem verhaltenen Untertitel *Eine Liebesgeschichte, Berlin 1943*. Eine Jüdin, genannt Jaguar, und eine Mutter von vier Kindern und Ehefrau eines überzeugten Nationalsozialisten und Wehrmachtsoldaten, die von ihrer Geliebten „Aimée" genannt wird: Hoffnungsloser kann eine Liebesbeziehung kaum sein, leidenschaftlicher auch nicht, vor allem nicht wahrer. Es ist eine Geschichte über die Liebe selbst gegen alle Hoffnungslosigkeit und über den Tod ewigkeitenweit hinaus.

Was ist nach Geschichten wie dieser noch über die Liebe zu schreiben? Wozu brauchen wir denn noch ein Buch über die „Urkraft der Liebe", die doch vermutlich alle Leserinnen und Leser selbst kennen, erleben und zuweilen erleiden, auch wenn ihre Liebesgeschichten nicht immer so tragisch enden wie die von Aimée und Jaguar?

Vielleicht nur zur Vergewisserung sollten wir weiter schreiben, nur um einander zu versichern, dass das, was wir alle in und durch die Urkraft der Liebe erleben, nichts ist, was uns isoliert und einsam macht – ganz im Gegenteil. Ebendiese Kraft, diese Urkraft ist es, die uns Menschen seit Anbeginn und wahrhaftig seit dem ersten Atemzug durchströmt und durchpulst, in höchste Himmelshöhen und finsterste Abgründe reißt. Diese Kraft ist es, die das Leben selbst bestimmt, das Leben selbst ist und – mehr noch – die GOTT selbst ist, wenn denn ein Mensch sich mit dem lebendigen GOTT verbunden weiß oder sich nach IHM sehnt, mit welchem Namen auch immer er angerufen wird. Ein Buch über die Liebe ist ein Buch über Gott.

Das klingt vermessen. In der Tat – kein Wort, keine Sentenz, kein noch so dickes Buch kann Gott aussagen. Immer ist ER – oder SIE – viel, viel mehr als jedes noch so ehrlich ertastete Wort, als jede noch so wahrhaftige Beschreibung. Aber ER – oder SIE – lässt sich andeuten, vielleicht ahnen, vielleicht hier und da im Nachsinnen und Nachdenken ertasten mit einem Wort, einem Gedanken, einem ehrlich genannten Fühlen. ER ist Mensch geworden und zuvor und immer auch Wort. Vor allem anderen aber ist Er selbst Liebe gewesen und geworden und bleibt immer erfahrbar und zu fühlen eben darin, in der Liebe.

Nur so ist ein Buch über die Urkraft der Liebe zu verstehen – als Lobgesang auf den Gott, der die Liebe ist, und als Vergewisserung für uns alle, dass die Liebe und vielleicht nur die Liebe uns in Seine Gegenwart führt und darin leben lässt.

„Denn Gott ist die Liebe und wer in der Liebe bleibt, bleibt in Gott und Gott bleibt in ihm" (1. Johannesbrief 16 b) – denn Gott ist die Liebe.

Wer bist du, Liebe?

Worüber schreibe ich denn, wenn ich über die Liebe schreiben soll? Was ist das denn für ein Gefühl, für eine Regung, vielleicht auch eine physiologische Reaktion? Was meinen wir denn, wenn wir von „der Liebe" reden?

Gleich beginnen die Unterscheidungen – die Liebe zwischen zwei erwachsenen Menschen, die Liebe zwischen Eltern und Kindern, zwischen Geschwistern, zwischen Menschen und Tieren auch (es gibt genug Menschen, die ihr Verhältnis zu ihren Tieren als Liebe beschreiben würden!). Was meine ich denn, wenn ich gar von der Liebe Gottes rede?

In einer eher schlichten Tageszeitung gab es über Jahre, vielleicht Jahrzehnte hinweg eine kleine Bilderfolge: Ein kindlich gezeichnetes Paar wurde Tag für Tag in verschiedensten Alltagssituationen dargestellt, darüber stand jedes Mal: „Liebe ist ...", und dann jeweils eine Beschreibung dieses aktuellen Bildes: „Liebe ist ... wenn er ihr Auto wäscht." Aha. Das kann Liebe sein, muss es aber nicht. „Liebe ist ... wenn sie mit ihm zum Fußball geht." Ah ja. Kann sein, muss aber nicht. Es können auch Handlungen sein, die von Ablehnung, Gleichgültigkeit, sogar Angst motiviert sind. Wann ist es Liebe, ein Auto zu waschen?

Manchmal fragen junge Menschen, die sich zum ersten oder vielleicht zum zweiten Mal verlieben, woran sie denn nun erkennen, ob das wirklich Liebe ist, was sie mit dem oder der anderen verbindet. Oft liegt unter der Frage die Hoffnung, dass, wenn es denn wirklich Liebe wäre, eine Enttäuschung oder ein Ende der Beziehung für alle Zeiten ausgeschlossen ist.

Das Leben lehrt uns anderes. Vergänglichkeit muss nicht das Gegenteil von Liebe sein. Kann es aber. Also – woran erkennen wir, ob es Liebe ist? Gibt es eine Definition für Liebe, einen Test wenigstens, der bei 100 erreichten Punkten das Vorhandensein von Liebe bestätigt? Wie ist die Liebe? Was ist Liebe?

Diese Fragen sind falsch gestellt, genauso falsch wie die Frage: Wie ist Gott? Oder: Was ist Gott? Liebe lässt sich genauso wenig wie Gott einfangen, gar einsperren in Worte und Begriffe. Liebe ist frei wie der Wind, wie der Geist, wie Gott.

So scheint es, dass nicht wir die Liebe beschreiben, ihrer nicht habhaft werden können – sondern sie selbst schreibt sich in unser Leben ein, verfasst ihre Geschichten und macht unser Leben zu einer Geschichte, zu einer Liebesgeschichte, so oder so. Nicht wir begegnen der Liebe und halten sie fest, sondern sie rührt uns an, leise und kraftvoll, tritt behutsam und still in unser Leben oder mit dramatischer Gebärde und zuweilen überwältigender Macht.

Wir werden ihr nicht begegnen, wenn wir uns für größer halten als sie. Sie aber zu erkennen als eine Kraft, die gesandt ist, unser Leben zu lenken und uns einen Weg zu weisen, führt in die Beziehung – zu der Liebe, zu den Menschen, zu mir selbst.

So muss die Frage nicht lauten: Wie ist die Liebe?, sondern: Wer bist du, Liebe?

Wenn ich so frage, tauchen Bilder vor meinem inneren Auge auf, Bilder von Frauen, wohl deshalb, weil die Liebe grammatikalisch weiblich ist. Vielleicht nicht nur deshalb?

Eine ernste Frau steht da vor mir, groß, kräftig, die mich mit einem Blick anschaut, der genauso ernst wie sanft ist, weitgespannt und doch bergend, als legte sie einen warmen Mantel um mich; eine andere, eher zierlich, dunkle Haare, wild, lebendig, sinnlich, mich zu Tanz und Spiel verlockend; dann ein sehr junges Mädchen, fast noch ein Kind, erwachend wie eine Blüte im Frühlingslicht; jetzt eine dunkle Gestalt, aufrecht, streng, in einen nachtdunklen Umhang gehüllt, die Miene verschlossen, die Augen voller Trauer und Zorn, eine Frau wie ein Sturm, der sich beherrschen muss, um nicht alles zu zerstören. Und schließlich eine alte Frau, uralt und gütig, weich und gut wie ein Berg, in dessen Höhlen und Klüften man sich bergen kann, eben vor Sturm und Gewitter.

Das sind Bilder der Liebe. Unendlich viele mag es geben, so viele wie Menschenkinder, so viele wie Bilder von Gott selbst. Das ist wohl auch das Geheimnis – die Liebe zeigt sich nicht absolut, nicht statisch, nicht einzumeißeln in Stein und für Ewigkeiten gültig. Sie zeigt sich nur in der Beziehung zu jemandem und etwas, wandelt Gesicht und Gestalt in gleicher Weise, wie Menschenleben sich wandeln. Aber wer zeigt sich und wer ruft?

Es sind dieselben Fragen, die uns bewegen, wenn wir nach dem lebendigen Gott selbst fragen. Er zeigt sich im Maß und in Gestalt unseres Sehvermögens und unserer Fassungskraft, unterwirft sich den Gesetzen unserer menschlichen Begrenztheit und bleibt immer der ganz andere. Wie sonst könnte Er uns leiten und weiten über unsere Grenzen und Lebensgezeiten hinaus?

Und so auch die Liebe. Sind sie sich also so nahe, der Ewige Gott und die Liebe?

„Denn Gott ist die Liebe". Ist die Liebe Gott?

Und wieder: Vorsicht vor der Festlegung. Gott ist mehr als das, was wir als Liebe erfahren, Er ist auch Zorn und Abgrund und Streit und Vernichtung und Leben über alles Leben hinaus. Ob wir Ihn in alldem erkennen oder nicht, ist keine Frage an Ihn, sondern an unsere Fassungskraft. Und so auch die Liebe. Vielleicht so:

Die Liebe ist gewiss die innigste Vertraute des Höchsten Gottes, so vertraut, dass sie eins sind und doch nicht eins. Wer es fassen kann, der fasse es. Bis dahin aber bleibt uns, diese Liebe zu leben, sie zu lieben und unser Leben von ihr durchdringen und erfüllen zu lassen – um Gottes und der Liebe willen.

Wecke die Liebe nicht, bevor sie sich selbst regt ...

„Ich beschwöre euch, ihr Töchter Jerusalems, bei den Gazellen oder bei den Hinden auf dem Felde, dass ihr die Liebe nicht aufweckt und nicht stört, bis es ihr selbst gefällt."

Diese zärtlich-beschwörende Bitte ist in einem der schönsten Liebesgedichte zu lesen, die die Weltliteratur, ja vielleicht die Menschheit überhaupt als Geschenk empfangen hat. Als „Hohes Lied" wurde es – Gott sei Dank! – ins erste Testament unserer Bibel aufgenommen, das die meisten Menschen kaum mit großen und überaus sinnlich-lebendigen Liebesgeschichten in Verbindung bringen würden. Aber sie ist voll davon, und die Krone dieser poetischen Liebesgeschichten ist nun gewiss das „Hohe Lied".

Eine junge Frau und ein junger Mann suchen einander, finden und lieben sich, müssen sich wieder trennen und finden sich erneut, eingehüllt in orientalisch-poetische Bilder voller Kraft und Schönheit, ganz keusch und ganz offenbar einander hingegeben.

Und doch sind die Worte, in denen dieses Lied gesungen wird, selbst wie ein hauchzarter Schleier – in aller Klarheit hüllt es doch ein, schützt und bewahrt es das Geheimnis, das immer nur die beiden Menschen angeht, die sich diesem Geheimnis anvertrauen. Allen anderen bleibt die Ahnung, das Erkennen, die Hoffnung – je nachdem.

Es ist ein Liebeslied voller Respekt und Achtung, jener wesentlichen Haltungen also, die auch und gerade einer großen, leidenschaftlichen Liebe eigen sind. Der oder die Geliebte wird nie zum Besitz, sondern immer gesehen, geliebt als die oder der Andere – wie vertraut sich zwei Menschen auch sein mögen. Die oder der Andere ist nie nur die Verlängerung des eigen „Ich", etwa nur Erfüllungsgehilfe eigener Bedürfnisse, welcher Art diese auch sein mögen. Der oder die Geliebte ist geliebt und gesehen als ebendies – als der Andere, der lockt und fasziniert gerade in seiner fremden Vertrautheit, der sich aus freiem Willen schenkt, wenn es an der Zeit ist, wenn es Zeit für die Liebe ist, die sich selbst schenkt und regt.

Wie ist dieser Anfang? „Wohnt ihm ein Zauber inne"? Woran merke ich denn, dass sie sich regt, die Liebe? Es ist schön und erfüllt einen manchmal mit leiser Wehmut, sich an die erste Liebe des Lebens zu erinnern.

In der Regel erinnern wir uns nicht an die, die – hoffentlich! – tatsächlich als Erste geliebt haben, sondern an den ersten Menschen, der uns in einen anderen Zustand versetzte und mit dem wir anfingen zu ahnen, wie sich „Verliebtsein" anfühlt.

Plötzlich nehme ich wahr, dass dieser Andere immer häufiger und ohne erkennbaren äußeren Anlass in meinen Gedanken auftaucht. Und es sind mehr als Gedanken – es sind Bilder von diesem Menschen, die ihn in verschiedensten Situationen zeigen, auch wenn wir sie in der Realität (noch) nicht miteinander erlebt haben. Ich ertappe mich dabei, mit diesem noch immer Fremden in Gedanken zu sprechen, viel vertrauter, als wir es in der erlebten Wirklichkeit bis jetzt je getan haben. Ich beginne, auf ihn zu warten – bis er endlich das Klassenzimmer betritt, bis er endlich auf dem Sportplatz oder in der Disco erscheint, bis er endlich anruft, obwohl ich ja weiß, dass er gar keinen Grund hat anzurufen. Aber muss er nicht trotzdem spüren, dass ich warte? Plötzlich wird die Möglichkeit, ihm oder ihr zu begegnen, zum Anlass, der eigenen Kleidung, Frisur, überhaupt der eigenen Gestalt unendlich viel Aufmerksamkeit zu widmen: Was mir am besten an mir gefällt, wird angezogen, hingekämmt, aufgelegt und umgetan, als gelte es, mein ganzes Leben in diesem einen Augenblick sichtbar werden zu lassen, auch wenn die Gemeinte nur für Minuten meinen Weg kreuzt.

Im biblischen Buch Ester wird, wenn auch in ganz anderen Zusammenhängen, einiges von der umfassenden Schönheitspflege beschrieben, die einer jungen jüdischen Frau gewährt – oder auch zugemutet! – wird, bevor sie dann zum ersten Mal ihrem König, dessen Gemahlin sie werden soll, begegnen darf. Zu diesem Zwecke der Vorbereitung kommt sie in den königlichen Harem und wird von Hegai, dem „Hüter der Frauen“, gepflegt:

> *Und das Mädchen gefiel Hegai und sie fand Gunst bei ihm. Und er beeilte sich, ihre Schönheit zu pflegen und ihr genügend Speise zu geben und dazu sieben auserlesene Dienerinnen aus dem Palast des Königs. Und er brachte sie mit ihren Dienerinnen an den besten Ort im Frauenhaus. (...) Wenn aber die bestimmte Zeit für eine jede Jungfrau kam, dass sie zum König Ahasveros kommen sollte, nachdem sie zwölf Monate nach der Vorschrift der Frauen gepflegt worden war – denn ihre Pflege brauchte so viel Zeit, nämlich sechs Monate mit Balsam und Myrrhe und sechs Monate mit kostbarer Spezerei und was sonst zur weiblichen Pflege gehört –, dann ging die Jungfrau zum König, und alles was sie wollte, musste man ihr geben, dass sie damit vom Frauenhaus in den Palast des Königs ginge.*
>
> (Ester 2,9.12–13)

Verliebte Menschen, sehr junge zumal, sind wohl ihre eigenen Hegais und Dienerinnen und kaum jemand wird zwölf Monate zur Vorbereitung der ersten Begegnung aufwenden können und nicht jede zieht in das Haus des Königs ein. Und doch fängt diese orientalische Erzählung das Wesentliche ein: Die erste Begegnung zweier Liebender (und zum Glück wird Ester vom König schließlich wirklich geliebt und nicht nur benutzt) ist wie die Begegnung zwischen zwei Königskindern, die nicht genug mit Kostbarem, Schönem, Wertvollem geschmückt werden kann – was immer das für jede und jeden heißen mag.

Bevor ich mich als junges Mädchen in etwa Gleichaltrige verliebte, galt meine Sehnsucht zunächst deutlich älteren Menschen: zunächst einem Trainer, dann einem Lehrer, schließlich einer Lehrerin. Immer geschah dasselbe: Plötzlich wurde es ungeheuer wichtig, dass er (oder sie) mich wahrnahm, mich ansah, ein Wort an mich richtete, mir einen nicht nur freundlichen, sondern interessierten, aufmerksamen, jedenfalls aber langen Blick schenkte. Diese Sehnsucht, angeschaut zu werden, und die Erfahrung, welche Kraft darin streckt, wahrgenommen und ganz als Mensch gesehen zu werden, findet sich häufig in der Heiligen Schrift. Ausdrücklich genannt wird sie in der tragischen und dramatischen Geschichte der Hagar, der Mutter Ismaels und damit des ersten Sohnes Abrahams (1 Mose 16,1–15).

Hagar ist eine Sklavin Sarahs, also der Frau Abrahams. Diese Ehe bleibt aber kinderlos, und um der ergangenen Verheißung ein wenig nachzuhelfen, bittet Sarah selbst ihren Mann, mit der ägyptischen Sklavin ein Kind zu zeugen, das Sarah und Abraham dann als eigenes Kind annehmen können – eine durchaus gängige und legale Praxis in dieser Zeit. Und so geschieht es, Hagar wird schwanger und lässt nun aber ihre Herrin deren Schmach spüren – denn Kinderlosigkeit bedeutete ebendies: Schmach. Die Sklavin also erhebt sich über die Herrin. Das erträgt Sarah nicht und will Hagar deswegen „demütigen“ – was genau das bedeuten könnte, können wir nur ahnen. Hagar aber, wiewohl schwanger, flieht vor Sarah in die Wüste und begibt sich damit in reale Lebensgefahr.

Doch sie wird gerettet. Der Engel des HERRN findet sie an einer Wasserquelle und fordert sie trotz der zu erwartenden Unbill auf, wieder in das Haus Sarahs und Abrahams zurückzukehren – wohl wissend, dass Hagar und ihr neugeborenes Kind in der Wüste keine Überlebenschance hätten. Der Engel versichert ihr, dass ihr Kind leben und heranwachsen wird zu einem starken Mann, und spendet ihr so den Trost, den sie braucht. Und dann heißt es:

> *Und Hagar nannte den Namen des HERRN, der mit ihr redete: Du bist ein Gott, der mich sieht. Denn sie sprach: Gewiss hab ich hier hinter dem hergesehen, der mich angesehen hat. Darum nannte man den Brunnen „Brunnen des Lebendigen, der mich sieht“. Er liegt zwischen Kadesch und Bered.*
>
> (1 Mose 16,13–14)

Zum ersten Mal in der ganzen Heiligen Schrift gibt ein Mensch Gott einen Namen – und noch dazu eine Frau. Und sie nennt ihn mit ihrer eigenen Sehnsucht: Ich sehne mich nach einem, der mich wirklich ansieht, nicht nur die Sklavin und Leihmutter entdeckt, nicht nur ein willfähriges Werkzeug für die Erfüllung eigener Bedürfnisse, sondern der mich wahrnimmt und liebend ansieht, so wie ich bin. Wie oft wird genau diese Formulierung gebraucht, wenn Menschen nach ihrer Sehnsucht und nach ihrer Suche nach einem Partner oder einer Partnerin befragt werden. Gerade junge Menschen, die sich zwischen den Erwartungen ihrer Eltern und der Entwicklung ihrer ganz eigenen Persönlichkeit zurechtfinden müssen, antworten so: Ich sehne mich nach jemandem, der mich sieht, so wie ich bin, der mich wirklich ansieht.

Diese Sehnsucht liegt wohl in nahezu jeder Beziehung zwischen Menschen verborgen, erst recht aber zwischen Mensch und Gott. Und hier ist er benannt, weil er genau so handelt.

Im Alter von acht bis dreizehn Jahren verbrachte ich einen großen Teil meiner Zeit im Schwimmbecken als Leistungsschwimmerin. Täglich ging ich zum Training, also besaß ich auch mehrere Schwimmanzüge, denn nur einer hätte dieser Dauerbeanspruchung durch das Chlorwasser nicht lange Zeit standgehalten. Unter diesen Schwimmanzügen waren solche, die ich weniger mochte, weil sie zu locker saßen oder die Farbe schon langsam ausblich oder der Schnitt unvorteilhaft für meine Figur war. Und es gab solche, die aus ganz besonderem Material, absolut enganliegend und vor allem sehr teuer waren – und jeder, der sich ein bisschen im Sport umtat, erkannte diese Luxusmodelle auf den ersten Blick. Wir hatten insgesamt vier Trainer, die sich tageweise abwechselten oder manchmal zu zweit erschienen. Diese vier nahmen in meiner Sympathie eine klare Rangfolge ein: Der eine, der fast immer da war, war auch der „alltäglichste", langweiligste und eben zu ertragen. Der andere, der am seltensten kam, aber im Berliner Schwimmsport eine entscheidende Rolle spielte, sorgte – vielleicht unwissend – dafür, dass ich lange Kämpfe mit mir selbst und mit meiner lieben Mutter ausfocht, weil ich ausgerechnet an einem ganz normalen Montagabend meinen teuersten Schwimmanzug anziehen wollte, der wegen seines hochempfindlichen Stoffs für große und wichtige Wettkämpfe geschont werden musste. Ich benahm mich so, als wollte ich am Montagmorgen zum Schulunterricht das teure Ballkleid für den Abiball anziehen. Nichts anderes aber konnte ich tragen, wenn dieser Trainer zu erwarten war. Und wenn er dann wirklich kam – was keineswegs sicher war –, dann benahm ich mich durchaus meinem Schmuckstück entsprechend und schwamm mit einer derartigen Lust und Kraft durch das Becken, als befände ich mich mitten im Endlauf der Europameisterschaften.

Manchmal nahm er es wahr – lächelte, lobte mich, machte wohl auch eine anerkennende Bemerkung über den Stil und meine Figur (was für ein elfjähriges Mädchen schon sehr aufregend sein kann) und schenkte mir auf diese Weise einen wunderschönen Abend und viele dichtgefüllte Seiten in meinem Tagebuch, in dem vor allem und immer wieder sein Name auftauchte. Genauso umfassend war dementsprechend die Enttäuschung, wenn ich – in dieser Weise vorbereitet, bekleidet und mit reichlich Adrenalin im Blut bereit zu Höchstleistungen – in die Schwimmhalle trat und ihn *nicht* antraf. Natürlich tat ich nach außen so, als fiele es mir nicht einmal auf, dass er nicht da war, wenn ich auch mit überspannten Sinnen auf eine Nachricht über seinen Verbleib lauschte. In jedem Fall aber war der Abend für mich verdorben, ich benahm mich im Wasser wie die sprichwörtliche bleierne Ente und fühlte mich einsam, verlassen, und das für vermutlich alle Zeit. Die Enttäuschung war ebenso tief, wie die Vorfreude jauchzend gewesen war.

Richtig schlimm wurde der Schmerz, als ich allmählich wahrnahm, dass er, der bis dahin allein gelebt hatte, immer häufiger mit einer jungen Frau gesehen wurde und sie schließlich auch offiziell als seine Freundin vorstellte. Ich weiß nicht mehr, ob ich es wirklich für möglich gehalten hätte, dass er sich seinerseits in mich verliebte – der Altersunterschied betrug mehrere Jahrzehnte. Aber eine so rationale Überlegung wie Altersunterschiede und Gesetzeslagen spielten in meiner Gefühlswelt keine Rolle. Für mich war diese neue Freundin wie ein Angriff auf meine soeben erwachte Ahnung, dass ich zur Liebe fähig sein könnte, dass es da etwas geben könnte zwischen zwei Menschen, das sie zu einer neuen Wirklichkeit verbindet. Ich fühlte mich verlassen und verstoßen und zog meinen schönen Schwimmanzug lange Zeit überhaupt nicht mehr an, weder am Montag noch zur Deutschen Meisterschaft.

Diese kleinen Tragödien wiederholten sich häufig in meinem Leben und irgendwann lernte ich, sie schneller zu erkennen und ihnen nicht mehr so hilflos ausgeliefert zu sein. Und doch staune ich bis heute, wie unmittelbar jung und zart sich eine Verliebtheit immer wieder anfühlt, ganz gleich wie alt der Mensch ist, dem sie widerfährt. Die nicht anders als „keusch" zu nennende erste Phase einer solchen Erfahrung, die so fein und verletzbar ist, dass sie selbst das Wort scheut, das sie benennt. Ein Schleier muss über die Ahnung gelegt werden, bis sie stark genug ist, die Frage auszuhalten – die Frage an mich selbst: „Bist du denn verliebt?", und die vielleicht unausgesprochene, aber vermittelte Frage an den anderen, ob er oder sie dieses leise und doch flammende Gefühl annimmt und womöglich erwidert.

Wenn diese zarte Zeit der ersten Verliebtheit gewaltsam gestört wird – durch Banalisierung, durch Spott, im schlimmsten Fall tatsächlich durch Gewalt an Leib und Seele –, können tiefe Verletzungen entstehen, die nicht selten das ganze weitere Leben und die Fähigkeit, sich einem anderen Menschen anzuvertrauen, beschädigen und verdunkeln.

Sehr viele Menschen erzählen heute in geschütztem Raum von solchen Verletzungserfahrungen. In den Medien wurde und wird immer häufiger von diesen „Missbrauchsfällen" berichtet, wobei das Wort irreführend ist, und deshalb steht es hier in Anführungszeichen. Denn das Wort „Missbrauch" deutet ja an, dass es auch einen – dann angemessenen oder gar rechtmäßigen? – „Gebrauch" kindlicher oder jugendlicher Verliebtheit und geschenkten Vertrauens geben könnte. Vertrauen und Zuneigung können aber nie „gebraucht", sondern allenfalls dankbar wie ein Geschenk empfangen werden. Werden sie genommen, erst recht „in Gebrauch" genommen, um andere Bedürfnisse zu befriedigen, wird diese leise Form der Hinwendung nicht „missbraucht", sondern schlicht ausgebeutet und gewaltsam entrissen. Viel richtiger also ist es, bei jeder Form solcher Gewaltanwendung nicht von Missbrauch, sondern von Ausbeutung und Gewalt zu sprechen, ob nun psychisch oder sexuell oder spirituell – gerade Letzteres gerät erst jetzt in den Blick der öffentlichen, auch kirchlich öffentlichen Aufmerksamkeit.

Welche dramatischen Folgen jede Form solcher Ausbeutung für die Betroffenen hat, ist inzwischen bekannt und braucht hier nicht weiter ausgeführt zu werden – es gibt inzwischen leicht zugängliche Informationen darüber. Wenn sie aber geschützt wird, diese erste Zeit, wenn zwei Menschen sich Zeit lassen und die Zeit bekommen, diesen uralten Tanz der ersten Begegnung – und vielleicht ist jede neue Verliebtheit auch eine erste Liebe! –, diesen Tanz der ersten Liebe also behutsam und aufmerksam miteinander zu leben und zu feiern, dann wird oft eben darin der Grund für eine wirklich stabile und langjährige Beziehung gelegt.

Überraschend ist, dass offenbar gerade unter jungen Menschen ein neues Verständnis für diese kostbare Zeit des Anfangs wächst. Während es über viele Jahre und Jahrzehnte in Begegnungen oft eher darum ging, sich möglichst schnell möglichst nahe zu kommen, um sich dann auch möglichst schnell wieder voneinander zu verabschieden, finden sich jetzt in den Auslagen der Buchhandlungen und in den Artikeln entsprechender (Jugend-)Zeitschriften andere Hinweise: Die Zeit der Verliebtheit, der Sehnsucht nach dem Anderen, das Warten auf ihn wird ausgedehnt und als eine Zeit mit eigenem Wert wahrgenommen. Das muss nichts mit rigider Moral und allzu reaktionärem Konservatismus zu tun haben, auch nicht mit einer lebensunfrohen Leibfeindlichkeit, auch wenn manche zumal konservative (auch christlich-konservative) Gruppen sich diese Entwicklung sicher gern zu eigen machen und als eigenen „Erfolg" ihrer harschen und unfrohen Moralvorstellungen werten werden. Es kann aber einfach die Erkenntnis sein, dass es in der Begegnung zweier Menschen, erst recht und vor allem in einer Liebesbegegnung, ein Geheimnis gibt, das zu achten und zu schützen ist, wenn diese Liebe wirklich wachsen soll. Denn dieses „Wachsen" ist ein Geschehen von innen heraus und kein „Machen" und „Fordern" von außen, das im schlimmsten Fall unter Druck und Gewalt geschieht. Wenn zwei Menschen wirklich beieinander bleiben wollen, dann liegt eine lange Zukunft vor ihnen, die sich in ihren eigenen Phasen und in der je eigenen

Schönheit entfalten will wie eine Blume und nicht wie ein manipuliertes, überzüchtetes und „herbeigezwungenes" Kunstgewächs.

Wann es allerdings Zeit für die wirklich innige und das heißt dann auch: für die sexuelle Begegnung ist, kann man sicher nicht an äußerlich gesetzten Normen und Kriterien festmachen. Ich glaube nicht, dass die Regel „Kein Sex vor der Ehe" immer eine glückliche Regel ist. Denn gerade die gemeinsam in Liebe und Achtung miteinander gelebte Sexualität wird für die weitere Beziehung eine große Rolle spielen, und deshalb ist es überaus sinnvoll, den Partner in dieser Weise schon vor einem lebenslangen Versprechen kennenzulernen und sich mit ihm über Wünsche und Bedürfnisse auszutauschen – aber eben nicht sofort und nicht als Erstes, sondern dann, wenn die Liebe und die Achtung voreinander gewachsen sind und gerade auch die körperliche Begegnung von wirklichem Vertrauen zueinander getragen ist. Sonst können sich Verletzung, Schweigen, Unaufrichtigkeit gerade in diesem so zarten und wertvollen Miteinander einnisten, und das ist die schlechteste Basis für eine gemeinsame Liebesbeziehung, die Bestand haben soll und so auch gewollt ist.

Und so also ist es wahr und ernst gemeint und voller Verheißung, jenes alte und so neue Wort aus dem Hohen Lied: *Ich beschwöre euch, (...), dass ihr die Liebe nicht aufweckt und nicht stört, bis es ihr selbst gefällt.* Um Gottes und der Liebe willen. Wenn es ihr aber gefällt, wenn sie sich regt und wach wird, wenn sie Stimme, Antlitz und Gestalt gewinnt, diese Liebe, dann beginnt die wohl schönste Erfahrung, die uns Menschen möglich und geschenkt ist – die Liebe eben.

Die Hohe Zeit der Liebe

Und plötzlich wird der Blick erwidert – vielleicht voller Erstaunen oder ein bisschen scheu, vielleicht erst ganz kurz und dann noch einmal, fragend – ist es wahr, was ich da sehe? Meinst du wirklich mich? Und es verändert sich etwas in diesem Blick und vor allem im eigenen Leib und in der eigenen Seele, etwas beginnt zu schwingen und zu zittern; etwas, das nicht meinem Willen unterliegt, schafft Nähe und Gleichklang. Wo bisher nur „ich" war, lebt plötzlich ein „wir", zunächst vorbei am eigenen Wollen und Verstehen, aber machtvoll und ziehend – zueinander ziehend, als würde zusammenfinden, was urlängst zusammengehört, ob wir wollen oder nicht.

Aber ich will ja. Alles in mir will ja, und welch ein Geschenk, wenn der Andere vom selben Willen gezogen wird, einem Willen, der offenbar größer ist als wir selbst. Der Wille der Liebe? Der Wille Gottes?

Gott ist immer die Liebe (was nicht heißt, dass Gott nur als der Liebende wahrnehmbar ist), und wo die Liebe ist, ist immer Gott.

Wo die Liebe ist, fängt ein Mensch an zu leben, und wo zwei sich lieben, regt sich ein neues Leben zwischen ihnen, das es so vorher nicht gab. Es ist auf Zukunft und Verheißung angelegt, eröffnet einen ganz neuen Raum, in dem die Liebenden sich beheimaten, wo immer sie auch zuhause sein mögen.

Im fließenden Übergang von der Verliebtheit zur Liebe geschieht ebendies: Der Augenblick öffnet sich, wird Weite und zeitloser Raum, webt sich in die Alltagswelt und Alltagszeit hinein wie eine ganze eigene Wirklichkeit inmitten, nunmehr bewohnt von mindestens drei Wesen: den Liebenden und der Liebe.

Die Liebe wird körperlich, nicht nur, weil zwei Menschen jetzt auch einen körperlichen Ausdruck der Liebe miteinander finden, sondern weil die Liebe selbst anfängt, die Liebenden auch leiblich zu gestalten. Liebende sehen anders aus, bewegen sich anders, äußern sich anders in Sprache und Gebärde; manchmal verändern sich sogar wirklich ihr Gesicht und ihre Gestalt. Liebende werden wirklich – in dieser Wirklichkeit erkennbar – ineinander, werden einander zu Inbildern ihrer Liebe. Sie leben aufeinander zu. Aus zwei bis dahin vielleicht parallel und doch getrennt fließenden Bewegungen wird ein gemeinsamer Tanz, eine Bewegung lockt die andere hervor, Frage und Antwort, Räume öffnen sich für den Anderen und werden mit dem Leben des Anderen gefüllt.

Der griechische Philosoph Platon beschrieb es mit der Parabel von den Kugelwesen: Alle Menschen seien ursprünglich als eine vollständige Kugel erschaffen, dann aber zur Strafe für eine Widersetzlichkeit von den Göttern geteilt worden. Beide Hälften mussten durch Raum und Zeit getrennt auf dieser Erde leben, und die ganze Sehnsucht des Menschenherzens geht nun dahin, die eigene andere Hälfte zu finden. Wenn diese beiden Hälften sich finden, gibt es keine Fragen mehr, sondern nur noch ein fast nahtloses Zusammenfinden von Körper, Seele, Geist – mögen beide auch scheinbar gänzlich verschieden sein. Gemeinsam sind sie vollkommen, und die Liebenden selbst sind es, die das als Erste und voller Staunen spüren: So also fühlt sich vollkommenes Leben an. So also waren wir gedacht und geboren in grauer Vorzeit, und so also werden wir in der Kraft und der Liebe dessen, der uns füreinander geschaffen hat, wieder zusammengefügt, vollkommenes Leben, vollkommene Liebe, Ort und Inbild des Einen Gottes, der die vollkommene Liebe ist.

Liebe verbindet und bindet mit unsichtbarem goldenen Band, das zwei Menschen miteinander in Beziehung hält, wo sie sich auch befinden mögen – eine Beziehung, die sich anfühlt wie Unendlichkeit und Ewigkeit, eine Verbindung, die, so wird es oft beschrieben, auch schon vor aller Zeit geknüpft wurde und so tatsächlich aus der zeitlosen Gegenwart Gottes gesponnen scheint.

Wohl deshalb ist auch das Symbol dieses Liebesbundes immer schon ein Ring gewesen, wenn möglich ein goldener – denn golden ist das Licht Gottes, ohne Anfang und Ende, und wie im Feuer der Liebe geläutert erscheint die Beziehung zwischen zwei Liebenden – unzerstörbar und licht.

Hohe Zeit. Hochzeit. Was bis dahin vielleicht verborgen gelebt wurde, was noch im Vorläufigen blieb und in der tastenden Frage, wird nun sichtbar, ausdrücklich allen gezeigt. Die Welt soll es sehen und bezeugen und als neue Wirklichkeit zur Kenntnis nehmen, die da geworden ist zwischen zwei Wesen in der Kraft des Dritten, in der Liebe Gottes. Eben deshalb haben Hochzeitsrituale in allen Kulturen und Religionen einen so hohen Wert und sind für den dauerhaften Bestand einer Beziehung so wesentlich. Denn was in dieser Weise auch für andere sichtbar, hörbar und miterlebbar wurde, kann nicht mehr einfach ungeschehen gemacht werden. Die Gestalt kann und muss sich wandeln, wenn die Liebe denn wirklich auch im irdischen Sinne von Dauer sein soll. Die Beziehung kann – schmerzlich zwar – auch wieder gelöst, aber sie kann nie mehr ungeschehen gemacht werden. Mindestens zwei Menschen und damit die ganze Welt wurden durch sie für immer verwandelt und geprägt.

Die Formen der Hochzeit, der gestalteten Hohen Zeit, mögen in den Zeiten und Völkern unterschiedlich sein; auch in unserer noch immer weitgehend vom Christentum geprägten Gesellschaft sind diese Formen längst nicht mehr einheitlich. Es mag auch Situationen und Konstellationen geben, in denen selbst die Hochzeit noch im Verborgenen stattfinden muss, mit niemand anderem als GOTT selbst als Zeugen. Aber der Wille, die innere Haltung der beiden Menschen, die sich einander anvertrauen, und auch die wesentlichen Zeichen werden immer ähnlich sein. Eben dies: einander vertrauen und sich einander anvertrauen über den gegenwärtigen Augenblick hinaus. Die gemeinsame Liebe wird in einen Horizont gestellt, der viel höher und weiter ist als jedes Menschenleben, und diese Liebe, diese Bindung zweier Menschen birgt und trägt auch und gerade dann, wenn sie es nicht mehr tragen können. ER, der Ewige GOTT, wird als Schutz und Schirm angerufen und in Dienst genommen – und ER lässt sich ja in Dienst nehmen für und von der Liebe! – in guten und erst recht in schweren Tagen.

Zwei Menschen, die in der Liebe zueinander leben, versprechen einander über den Augenblick hinaus, verlängern in diesem Versprechen ihr eigenes Leben über das konkret Erlebbare hinaus in die Zukunft und zurück in die Ewigkeit. Denn die Liebe höret niemals auf, wie Paulus es im Lobpreis der Liebe so überaus poetisch und wahr beschreibt:

Die Liebe hört niemals auf, wo doch das prophetische Reden aufhören wird und das Zungenreden aufhören wird und die Erkenntnis aufhören wird. (...) Nun aber bleiben Glaube, Hoffnung, Liebe, diese drei; aber die Liebe ist die größte unter ihnen.

(1 Korinther 13,8 und 13)

Weil der GOTT der Heiligen Schrift der Gott der Liebe und selbst die Liebe ist, finden sich gerade im Alten wie im Neuen Testament wunderschöne Liebes- und Hochzeitsgeschichten. Die schönste ist der Bund zwischen GOTT selbst und Seinem Volk Israel, ein Liebesbund, der später auf alle Menschen ausgeweitet wird, so beschrieben in den fünf Büchern Mose und bei den Propheten: Gott nimmt das Volk Israel als Sein Volk an und es wird mit den Worten Braut, Geliebte, Vermählte bezeichnet. Die eigentliche Hochzeit wird nach der Befreiung des Volkes aus Ägypten gefeiert – Mose führt es im Auftrag des Hochgelobten in einer dramatischen Rettungsaktion in die Wüste und an den Gottesberg, den Sinai. Dort begegnen sich GOTT und das Volk und Mose tritt als Vertreter des Volkes vor den Ewigen:

Am ersten Tag des dritten Monats nach dem Auszug der Israeliten aus Ägyptenland, genau auf den Tag, kamen sie in die Wüste Sinai. Denn sie waren ausgezogen von Refidim und kamen in die Wüste Sinai und lagerten sich dort in der Wüste gegenüber dem Berge.
Und Mose stieg hinauf zu Gott. Und der HERR rief ihm vom Berge zu und sprach: So sollst du sagen zu dem Hause Jakob und den Israeliten verkündigen: Ihr habt gesehen, was ich mit den Ägyptern getan habe und wie ich euch getragen habe auf Adlerflügeln und euch zu mir gebracht. Werdet ihr nun meiner Stimme gehorchen und meinen

Bund halten, so sollt ihr mein Eigentum sein vor allen Völkern; denn die ganze Erde ist mein. Und ihr sollt mir ein Königreich von Priestern und ein heiliges Volk sein. Das sind die Worte, die du den Israeliten sagen sollst.
Mose kam und berief die Ältesten des Volks und legte ihnen alle diese Worte vor, die ihm der HERR *geboten hatte. Und alles Volk antwortete einmütig und sprach: Alles, was der* HERR *geredet hat, wollen wir tun. Und Mose sagte die Worte des Volks dem* HERRN *wieder. Und der* HERR *sprach zu Mose: Siehe, ich will zu dir kommen in einer dichten Wolke, auf dass dies Volk es höre, wenn ich mit dir rede, und dir für immer glaube. Und Mose verkündete dem* HERRN *die Worte des Volks.*
Und der HERR *sprach zu Mose: Geh hin zum Volk und heilige sie heute und morgen, dass sie ihre Kleider waschen und bereit seien für den dritten Tag; denn am dritten Tage wird der* HERR *vor allem Volk herabfahren auf den Berg Sinai. Und zieh eine Grenze um das Volk und sprich zu ihnen: Hütet euch, auf den Berg zu steigen oder seinen Fuß anzurühren; denn wer den Berg anrührt, der soll des Todes sterben. Keine Hand soll ihn anrühren, sondern er soll gesteinigt oder erschossen werden; es sei Tier oder Mensch, sie sollen nicht leben bleiben. Wenn aber das Widderhorn lange tönen wird, dann soll man auf den Berg steigen.*
Mose stieg vom Berge zum Volk herab und heiligte sie und sie wuschen ihre Kleider. Und er sprach zu ihnen: Seid bereit für den dritten Tag und keiner rühre eine Frau an.
Als nun der dritte Tag kam und es Morgen ward, da erhob sich ein Donnern und Blitzen und eine dichte Wolke auf dem Berge und der Ton einer sehr starken Posaune. Das ganze Volk aber, das im Lager war, erschrak. Und Mose führte das Volk aus dem Lager Gott entgegen und es trat

unten an den Berg. Der ganze Berg Sinai aber rauchte, weil der HERR *auf den Berg herabfuhr im Feuer; und der Rauch stieg auf wie der Rauch von einem Schmelzofen und der ganze Berg bebte sehr. Und der Posaune Ton ward immer stärker. Und Mose redete und Gott antwortete ihm laut.*

(2 Mose 19,1–19)

Was für ein Ereignis, wie viel Vertrauen und wie viel Mut: der Mut Gottes und der Mut des Mose, der sich nach unglaublichen Mühen und Anstrengungen vor Gottes Angesicht wagt, nicht wissend, ob er diese Begegnung überleben wird! Welch ein Wagnis für Gott selbst, sich so zu seinen Menschen hinunterzubeugen, sich ihnen in Seiner Liebe und Seinem Wort anzuvertrauen!

Im Text heißt es einfach: Und Mose steigt hinauf zu Gott, auf den Gipfel des Berges. Ich sehe ihn vor mir, wie er, selbst zu Tode erschöpft, sich den steilen Weg hinaufschleppt – und nur mit einer Erinnerung im Herzen: Hatte nicht dieser Gott selbst gesagt, dass sie sich hier wieder treffen würden? Als die Stimme aus dem Dornbusch rief und diesen unmöglichen Auftrag erteilte, das Volk aus Ägypten hinauszuführen – da hatte sie auch gesagt: Das soll dir das Zeichen sein, dass ich dich gesandt habe: Wenn du mein Volk aus Ägypten geführt hast, werdet ihr Gott opfern auf diesem Berge. Mose hat seinen Teil der Verabredung eingehalten. Ob auch Er, der Ewige, sich seines Versprechens erinnert? Und wenn nun alles doch ein Irrtum war? Dann wäre das Volk verloren, und für Mose wäre es dann das Beste gewesen, auf diesem Berg zu bleiben und nicht mehr zu ihm zurückzukehren.

Mose geht schweigend, kein Wort ist uns überliefert. Schweigend, demütig und aufrecht bringt er sich selbst, sein Leben, das Volk hinauf zu Gott. Wie gut ist dieses Schweigen. Wie gut ist es, Zeit zu haben, bis Ruhe und Friede ganz das Herz erfüllen. Wie gut ist es, sich Zeit zu lassen, wenn ich wirklich Hochzeit feiern und mich damit an einen Menschen, an ein Volk, an IHN, den Höchsten, binden will. Wie gut ist es, warten zu können, bis das Wort sich unter den vielen Wörtern formt. Auf dem Gipfel der Entscheidung ist es gut, innezuhalten, wieder hörbereit zu werden für dieses Wort, das mir den Weg weist.

Und Gott, der die Herzen kennt, antwortet auf die Frage, die Mose nur schweigend gestellt hat. Die einzig lebenswichtige Frage lautet: Bist Du da, Gott? Bist Du noch bei uns mitten in diesem Chaos und in dieser erschreckenden Wüste? Bist Du da im Strudel und der Wildnis meines Lebens? Bist Du noch da, Gott, in unserer Zeit? Oder habe ich mich geirrt? Bist Du es, GOTT, der sich mir in dieser Liebe offenbart, die ich für meine ganz große Liebe halte? Und Gott spricht zu Mose:

> *So sollst du sagen zu dem Haus Jakob und den Israeliten verkündigen: Ihr habt gesehen, was ich mit den Ägyptern getan habe und wie ich euch getragen habe auf Adlerflügeln und euch zu mir gebracht. Nun, da ihr meine Stimme hört und meinen Bund haltet, werdet ihr mein Eigentum sein vor allen Völkern; denn die ganze Erde ist mein. Und ihr sollt mir ein Königreich von Priestern und ein Heiliges Volk sein.*

ER, der Ewige, antwortet mit einer dreifachen Selbstoffenbarung, einem dreifachen Ja, das Vergangenheit, Gegenwart und Zukunft umspannt: Ja, ich bin, der ich bin und der ich war und der ich sein werde. Ich war es, der euch aus Ägypten, aus der Enge und der Unterdrückung geführt hat. Ich bin es, der euch trägt wie auf den Flügeln eines Adlers und euch Geborgenheit *und* Freiheit schenkt. Ich werde es sein, der euch zu dem werden lässt, was ihr längst seid: mein Volk, mein Eigentum, meine Erwählten, dass ihr meinen Namen heiligen sollt in der Welt – Worte, die sich durch die ganze Heilige Schrift ziehen und die wir so dringend brauchen, Worte, die uns Gottes Wesen zeigen: Fürchte dich nicht – ich bin es.

Mose antwortet nicht. Vielleicht hat er einfach die Augen geschlossen, sich niedergeworfen und ruht in Gott wie ein Kind bei der Mutter, lässt sich von dieser lichten Gegenwart umfangen und erkennt sich selbst wieder als den, der er immer war: Freund Gottes, eingehüllt in die Liebe des Höchsten.

Plötzlich ist es nicht mehr wichtig, ob er angesehen oder unbeliebt ist, es ist nicht wichtig, ob er alles richtig macht oder versagt. Für diesen Augenblick gibt es kein Ziel mehr – er ist angekommen in dem, was er ist: geliebter Knecht Gottes. Damit ist ihm alles geschenkt: Wenn ich nur Dich habe, frage ich nicht nach Himmel und Erde.

Irgendwann kommt Mose zurück, ruft die Ältesten, gibt die erlauschten Worte weiter an die Menschen, die ihm anvertraut sind. Seine schlichte Klarheit lässt das aufgeregte Volk zur Ruhe kommen. Einmütig, so heißt es, nahmen sie die Worte an. Sie wagen wieder zu vertrauen. Eines Sinnes und Geistes lassen sie das Geschenk der Gottesliebe in ihre Herzen fließen, und ganz schlicht antworten sie: Wir wollen tun, was Er sagt. So nehmen sie das Liebesangebot des Höchsten an.

Erst nach dieser Einwilligung des Volkes empfängt Mose die Thora, das Siegel des Gottesbundes. Sie ist eine Hochzeitsurkunde zwischen Gott und den Menschen; sie gilt bis auf den heutigen Tag und schließt alle ein, die in den Bund eingewilligt haben. Sie ist Gottes Hochzeitsgeschenk an uns, damit wir frei sind für das Vertrauen in Ihn.

Frei, ihn und einander zu lieben – und damit frei, das höchste Gebot in Frieden zu erfüllen, von dem Jesus im Evangelium spricht:

Höre, Israel, der HERR, unser Gott, ist der HERR allein. Und du sollst den Herrn, deinen Gott lieben von ganzem Herzen, von ganzer Seele, von ganzem Gemüt und von allen deinen Kräften und deinen Nächsten wie dich selbst.

Seit dieser Begegnung am Sinai feiern alle Juden in jedem Jahr den Sinaibund beim Thorafreudenfest. Sie tanzen mit der Rolle des Bundes wie mit einer Braut und feiern alljährlich den Hochzeitstag mit Ihm, dem Ewigen.

Jesus hat als gläubiger Jude in diesem Liebesbund den Höchsten geliebt und wusste, dass er in ihm selbst Mensch geworden war. Er selbst ist die menschgewordene Liebe und die als Mensch erfahrbare Thora. Und so hat er sich folgerichtig als Bräutigam bezeichnet, der bei seiner Braut – dem Volk Israel und allen Menschen Seines Wohlgefallens – einkehrt:

Und die Jünger des Johannes und die Pharisäer fasteten viel; und es kamen einige, die sprachen zu ihm: Warum fasten die Jünger des Johannes und die Jünger der Pharisäer, und deine Jünger fasten nicht?

Und Jesus sprach zu ihnen: Wie können die Hochzeitsgäste fasten, während der Bräutigam bei ihnen ist? Solange der Bräutigam bei ihnen ist, können sie nicht fasten. Es wird aber die Zeit kommen, dass der Bräutigam von ihnen genommen wird; dann werden sie fasten, an jenem Tage.

(Markus 2,18 ff)

Und schließlich wird die große Endzeitvision in der Offenbarung des Johannes, das Himmlische Jerusalem, im Bild einer Hochzeit beschrieben:

Und ich sah einen neuen Himmel und eine neue Erde; denn der erste Himmel und die erste Erde sind vergangen, und das Meer ist nicht mehr. Und ich sah die heilige Stadt, das neue Jerusalem, von Gott aus dem Himmel herabkommen, bereitet wie eine geschmückte Braut für ihren Mann.
Und ich hörte eine große Stimme von dem Thron her, die sprach: Siehe da, die Hütte Gottes bei den Menschen! Und er wird bei ihnen wohnen, und sie werden sein Volk sein und er selbst, Gott mit ihnen, wird ihr Gott sein; und Gott wird abwischen alle Tränen von ihren Augen, und der Tod wird nicht mehr sein, noch Leid noch Geschrei noch Schmerz wird mehr sein; denn das Erste ist vergangen.
Und der auf dem Thron saß, sprach: Siehe, ich mache alles neu! Und er spricht: Schreibe, denn diese Worte sind wahrhaftig und gewiss! Und er sprach zu mir: Es ist geschehen. Ich bin das A und das O, der Anfang und das Ende. Ich will dem Durstigen geben von der Quelle des lebendigen Wassers umsonst. Wer überwindet, der wird es alles ererben, und ich werde sein Gott sein und er wird mein Sohn sein.

(Offenbarung 21,1–7)

Hochzeit, das ist die Hohe Zeit der Liebe zwischen GOTT und Seinen Menschen, Himmel und Erde, Mensch und Mensch. In gemeinsamer Einwilligung, indem sich zwei zu Einem Willen zusammenfinden und eine neue Wirklichkeit leben in dieser Welt, haben sie der Liebe einen sinnlich erlebbaren Ort inmitten der Zeit geschaffen, einen Ort also Seiner Gegenwart, ein Zelt des Lebens, ein Heiligtum der Liebe mit Ewigkeitsklang.

Diesen Ewigkeitsklang hat der Segensspruch, mit dem ein Paar gesegnet wird und gesegnet ist. Das ist der laut gesprochene Segen in der Hochzeitsfeier, das ist auch der gelebte und gespürte Segen nach der eigentlichen Feier oder wenn eine öffentliche Feier aus irgendwelchen Gründen nicht möglich ist. Nicht selten bitten mich Paare, denen die Kirche einen gottesdienstlichen Segen nicht geben kann oder nicht geben möchte, bei der Gestaltung einer eigenen Segensfeier mitzuhelfen, die dann auch außerhalb des regulären Gottesdienstes stattfinden kann. Das ist ohne Weiteres möglich, denn jeder Mensch ist in der Lage und fähig, einen anderen zu segnen und ihm die Kraft und die Liebe Gottes zuzusprechen, sofern er als der Segnende sich selbst mit dieser Kraft verbunden weiß oder doch zumindest glaubt, dass diese Liebe auch sein Leben und das Leben der zu Segnenden erfüllen möge.

Ein solcher Segen für ein Paar, das sich auf ungewöhnliche Weise findet, wird in der Heiligen Schrift im Buch Ruth über Ruth und Boas gesprochen. Bevor diese beiden ein Paar werden, wird in dem kleinen, sehr anrührenden und kostbaren Buch eine erstaunliche Geschichte, die in mehrfacher Hinsicht eine Familiengeschichte ist, erzählt: Elimelech und seine Frau Naomi leben in Bethlehem, müssen aber mit ihren beiden Söhnen Machlon und Kiljon wegziehen, weil dort eine Hungersnot herrscht – ausgerechnet in Bethlehem, im „Haus de Brotes“, gibt es nicht mehr genug zu essen. So zieht die Familie in das Land der Moabiter. Die beiden Söhne finden dort zwei Moabiterinnen, Orpa und Ruth – und nun könnte sich die Familie eigentlich dort ansiedeln und ausbreiten. Das Unglück aber spitzt sich noch zu – Elimelech, Naomis Mann, stirbt, zehn Jahre später auch die beiden Söhne Machlon und Kiljon. Naomi bleibt also allein mit den beiden Schwiegertöchtern und entschließt sich, in ihre Heimat zurückzukehren. Fürsorglich drängt sie die beiden jüngeren Frauen, doch in ihrem eigenen Land zu bleiben und sich dort neu zu verheiraten. Die eine, Orpa, folgt diesem Rat, wenn auch schweren Herzens, die andere aber, Ruth, folgt ihrer Schwiegermutter Naomi in das fremde Bethlehem. Tiefe Liebe spricht aus dieser Entscheidung, und das Wort, das Ruth der Naomi wie ein Versprechen schenkt, ist bis heute sehr beliebt als Hochzeitsspruch – nicht nur für Frauen:

> *Wo du hingehst, da will ich auch hingehen; wo du bleibst, da bleibe ich auch. Dein Volk ist mein Volk und dein Gott ist mein Gott. Wo du stirbst, da sterbe ich auch, da will ich auch begraben werden. Der HERR tue mir dies und das an, aber nur der Tod wird uns scheiden.*
>
> (Ruth 1,16)

Dieser Liebe weiß Naomi nichts mehr entgegenzusetzen, und gemeinsam gehen die beiden Frauen also in eine zunächst ungewisse Zukunft. In Bethelehm findet Ruth auf Naomis Rat und Vermittlung Arbeit als Erntehelferin bei dem wohlhabenden Boas. Die Symbolik ist sprechend – wo zunächst Dürre war im Haus des Brotes, findet sich nun wieder Korn im Überfluss, so dass Ruth und Naomi gut und in Frieden leben können. Und dann gesellt sich zum Frieden die Liebe: Naomi weist Ruth darauf hin, dass Boas ein entfernter Verwandter von ihr und nun also auch von Ruth ist – und als solcher hat er das Recht, als „Löser" aufzutreten, das heißt: Ruth aus ihrer Witwenschaft zu lösen und sie als seine Ehefrau anzunehmen. Und weil beide offenbar nicht nur verwandt sind, sondern einander auch mögen, wird schließlich vor Zeugen die Hochzeit beschlossen. Diese Vermählung wird von wunderbaren guten Wünschen, also Segensworten begleitet – vor allem für Ruth, die mit diesem Segenswort in den langen Stammbaum der Frauen und Mütter in Israel aufgenommen wird. So wird ihr Leben und das ihres Mannes in die Vergangenheit und in die Zukunft hinein ausgeweitet und der Ewigkeit anvertraut:

Und alles Volk, das im Tor war, samt den Ältesten sprach: Wir sind Zeugen. Der HERR mache die Frau, die in dein Haus kommt, wie Rahel und Lea, die beide das Haus Israel gebaut haben; sei stark in Efrata, und dein Name werde gepriesen zu Bethlehem.
Und dein Haus werde wie das Haus des Perez, den Tamar dem Juda gebar, durch die Nachkommen, die dir der HERR geben wird von dieser jungen Frau.
Boas heiratet Ruth, die Stammmutter Davids. So nahm Boas die Ruth, dass sie seine Frau wurde. Und als er zu ihr einging, gab ihr der HERR, dass sie schwanger ward, und sie gebar einen Sohn. Da sprachen die Frauen zu Naomi: Gelobt sei der HERR, der dir zu dieser Zeit einen Löser nicht versagt hat! Dessen Name werde gerühmt in Israel! Der wird dich erquicken und dein Alter versorgen. Denn

deine Schwiegertochter, die dich geliebt hat, hat ihn geboren, die dir mehr wert ist als sieben Söhne. Und Naomi nahm das Kind und legte es auf ihren Schoß und ward seine Wärterin. Und ihre Nachbarinnen gaben ihm einen Namen und sprachen: Naomi ist ein Sohn geboren; und sie nannten ihn Obed. Der ist der Vater Isais, welcher Davids Vater ist.
Dies ist das Geschlecht des Perez: Perez zeugte Hezron; Hezron zeugte Ram; Ram zeugte Amminadab; Amminadab zeugte Nachschon; Nachschon zeugte Salmon; Salmon zeugte Boas; Boas zeugte Obed; Obed zeugte Isai; Isai zeugte David.

(Ruth 4,11–22)

Ruth also, die Moabiterin, wird die Stamm-Mutter Davids und damit auch eine der Stamm-Mütter Jesu, zumindest in der neutestamentlichen und christlichen Tradition. Deutlicher kann sich der Segen, der über diesem Paar ausgerufen ist, kaum darstellen und in dieser Welt sichtbar werden.

Aber auch Paare, die keine eigenen Kinder haben können oder wollen, werden den Segen, der auf ihrem Bund liegt, spüren. Vielleicht beginnen sie tatsächlich ein gemeinsames Werk, ein Projekt, gründen eine Gemeinschaft, vielleicht sorgen sie für andere Menschen, Kinder oder Erwachsene, vielleicht erweitern sie einfach den Raum der Liebe in dieser Welt – der größte Segen, den unsere Zeit und unsere Welt braucht.

So bitten viele Paare um diesen Segen, sei er nun von der Kirche ausgesprochen oder in einem anderen Rahmen. Sie vertrauen damit ihre Liebe der immer größeren Liebe Gottes an. Dieses Sich-Anvertrauen und die zugesprochene und bleibende Gewissheit, dass sie ihre Liebe in eine viel stärkere Liebe hinein bergen können und dürfen, können gerade dann Kraft und Mut schenken, wenn die eigene Kraft zu lieben schwach wird – weil es zu Krisen kommt, die wohl in keiner langjährigen Beziehung fehlen, weil einer der beiden Partner durch eine innere oder äußere Not von der Liebe abgelenkt oder sogar abgezogen wird.

Der empfangene Segen wirkt weiter und trägt und hält oft so lange, bis beide sich wieder einander zuwenden können. Wenn das nicht mehr möglich ist, kann diese gewisse Hoffnung auf die Gegenwart Gottes in der Beziehung helfen, sich in Würde und Achtung voneinander zu trennen. Aber die Hohe Zeit der Liebe bleibt, in allem Wandel.

Erkennen, nicht besitzen. Liebe und Eifersucht

Wie besessen geht der Blick auf das schwarze Display. Nie war eine Schwärze so schwarz, nie war die Abwesenheit eines Geräuschs so quälend wie das Ausbleiben des so ersehnten leisen Tones, der den Eingang einer Textmeldung anzeigt.

Sie schloss mit sich selbst kleine Verträge: Fünf Minuten lang schaust du nicht auf dein Handy und nicht in deine Mailbox. Nur fünf Minuten schaust du nicht, ob er sich endlich rührt. Fünf Minuten nur!

Und schon nach einer Minute wird sie vertragsbrüchig, reißt ungeduldig die kleine Handybox in die Höhe – nichts. Nur Schwärze.

Mit fliegenden Fingern hämmert sie auf die Tastatur ihres PC ein, die Mailbox zeigt ihr – nichts. Keine neuen Eingänge. Keine Nachricht.

Denk nicht an ihn. Wer bist du eigentlich, dass du nicht mal fünf Minuten Herrin deiner eigenen Gedanken bist? Wie verachtenswert, wie klein und schwach bist du. Wie sollte er dich lieben, wenn es dich gar nicht mehr gibt! Du bist ein Nichts. Gar nichts ohne ihn.

Zur Angst, verlassen zu werden, kam die Selbstverachtung, baute sich zu höhnischer Anklage auf, ohne der so Verklagten auch nur die leiseste Chance einer Rechtfertigung zu gewähren. Vernichtet und für wertlos befunden, bevor der Anklagetext überhaupt verlesen wurde.

Die Strafe kam ebenfalls noch vor der Verkündung des Urteils, ja sie war das Verbrechen, die Folter und die

Bestrafung in einem: Sie *sah* ihn. Sah ihn in bestürzender Klarheit, hörte seine so geliebte Stimme, konnte den Duft seiner Haut riechen mit allen Sinnen. Sie sah ihn deutlicher, als wäre er bei ihr – aber er war nicht allein. Die andere war bei ihm und er war bei ihr, mehr als das: Je mehr sie sich dagegen wehrte, desto deutlicher und grausamer wurden die Bilder: Er war nicht nur bei ihr, er war mit ihr und so nah, wie nur sie ihn zu kennen meinte. Ihr sagte er die Worte, die er nur zu ihr sagen durfte, die ganz heimlichen und verborgenen. Er tat mit einer anderen, was er nur mit ihr tun durfte.

Und, noch schlimmer – er dachte nicht einmal an sie. Ausgelöscht war sie in seinen Gedanken, wie sie selbst sich fühlte, verloren, verbannt aus seinem Universum, aus dem Leben selbst. Und das Handy blieb schwarz und kein erlösendes Klingelzeichen rettete sie aus Tod und Schmach und Vernichtung.

Als sein Schlüssel sich im Türschloss drehte, hatte sie keine Kraft mehr, ihm entgegenzugehen, keine Kraft mehr aufzustehen, ihn auch nur anzuschauen. Was sie in ihrer Phantasie erlebt hatte, war wirklicher als jede Wirklichkeit, hatte sie von ihm fortgetrieben, weiter, als er selbst es je hätte tun könnte.

Auf seine erschrockene Frage, was denn mit ihr geschehen sei, antwortete sie mit ätzender Schärfe, dabei zugleich ohnmächtig matt. Was solle diese Frage? Was glaube er denn, wie es ihr ginge, während er sich köstlich amüsierte?

Er stöhnte leise. Nicht schon wieder! Nicht schon wieder diese Szene, diese elende Eifersucht. Ja, er habe sich nicht gemeldet, der Akku seines Handys war leer, er habe mit einem Freund zusammengesessen. Und noch während er sprach, wusste er, dass sie ihm nicht glaubte, kein Wort. Keine Geste, kein Zeichen, keine Beteuerung, keine noch so liebevolle Zärtlichkeit würde sie heute zu ihm zurückbringen. Ihre Phantasie war stärker als jede Wirklichkeit.

Eifersucht. Ein Sprichwort sagt: Eifersucht ist eine Leidenschaft, die mit Eifer sucht, was Leiden schafft. Die Wahrheit dieses Satzes steckt vor allem in seinem ersten Teil: mit Eifer suchen. Stöbern, forschen, spionieren, vor allem aber in der eigenen Vorstellung Bilder aufrufen und groß werden lassen, die tatsächlich Leiden schaffen, Bilder vom Verlassenwerden, vom Betrogen- und Verratenwerden gerade von den Menschen, die im eigenen Leben die wichtigsten sind.

So ist Eifersucht selbstquälend, ja selbstzerstörerisch. Und mehr als das: Nicht nur das eigene Selbst wird durch die so gesuchten inneren Bilder und die äußere Interpretation vermeintlicher Indizien schwer verletzt und beschädigt, sondern auch die Person des eigentlich geliebten und gebrauchten Menschen wird verdunkelt, demontiert, geradezu in ihr Gegenteil verkehrt. Wo zuvor ein geliebter Mensch war, entsteht ein Ungetüm, das für die eigene Seele lebensgefährlich wird. Was sonst trägt und belebt und mit Kraft und Schönheit und Geist erfüllt – die Liebe selbst –, wird zur Bedrohung und zu einer Widerkraft, die alles zerstört, was an zarter und liebevoller Beziehung zwischen Menschen webt und lebt. Am Ende bleiben Hass, Zorn, Vernichtung und im schlimmsten Fall tatsächlich Tod – wenn nicht am Leib, so doch in der Seele. Auf jeden Fall aber ist die Liebe verletzt, vielleicht am Ende erstorben. Woher kommt diese zerstörerische Kraft, diese Gegenkraft, die der Liebe gefährlicher werden kann als jede äußere Bedrohung?

Was ist denn geworden aus dieser Hohen Zeit der Liebe, in der doch nichts und niemand, weder Himmel noch Erde noch äußere Gewalten, dieser so unendlich kostbaren Gemeinsamkeit etwas anhaben konnten? Wo sind denn Musik und Klang, Ring und Schleier, zarte Berührung und kraftvolles Versprechen geblieben? Wo der liebende Blick, die köstliche Sehnsucht, die umso köstlicher ist, je gewisser sie ihre Erfüllung erwartet? Wann ist denn die Liebe bei diesem zersetzenden Misstrauen und dieser zermürbenden Anklage gewichen, die jede freundliche Regung verätzt? Oder ist sie doch noch da, die Liebe, aber versteckt und verdeckt und bis zur Unkenntlichkeit verzerrt hinter dieser tödlichen Sucht, der Eifersucht?

Ich kann mich gut an meine erste Begegnung mit dieser vernichtenden Kraft erinnern. Sechzehn Jahre alt war ich, und der erste Freund, nicht einmal von mir selbst gesucht, sondern mir von meiner damals besten Freundin sozusagen anvertraut. Es ging nicht, dass ein Mädchen meines Alters ohne Freund sei, also hat sie sich umgeschaut im eigenen Bekanntenkreis, und da sie mich gut kannte, entsprach der so von ihr Auserkorene auch wirklich durchaus meinen Vorstellungen – äußerlich zumindest, und die weiteren Begegnungen nach dem ersten, von ihr inszenierten „zufälligen“ Treffen ließen zumindest eine warme Sympathie wachsen. Und weil es sich nun so gehörte, „verliebte“ ich mich in den deutlich älteren Mann, erzählte überall und vor allem mir selbst, wie wunderbar er sei, und so lebten wir also eine Beziehung, die sich auch wirklich ganz fröhlich und liebevoll gestaltete. Nach etwa einem halben Jahr kam die Zeit, in der er einen lang gehegten Plan umsetzen wollte: Schon vor unserer Begegnung hatte er lange darauf hingearbeitet, für einige Monate nach Amerika reisen zu können – naturliebend wie er war, wollte er sein Studium nach erfolgreich bestandener Zwischenprüfung für ein halbes Jahr unterbrechen und mit Rucksack und Isomatte durch den Grand Canyon wandern. Ich bestärkte ihn in seinem Vorhaben und wollte von seinem Angebot, die Reise auf später zu verschieben, nichts wissen. Etwas zu weise für mein Alter ahnte ich, dass er, würde er jetzt auf die Reise verzichten, so bald keine Gelegenheit mehr dafür hätte – und dass er möglicherweise diesen Verzicht doch irgendwann unserer Beziehung anlasten könnte. Also bereitete er seinen Aufbruch vor und mit den entsprechenden und vermutlich auch ernst gemeinten Treueversprechen verabschiedeten wir uns am Flughafen. In den ersten drei Wochen erhielt ich regelmäßig kurze Anrufe und Briefe, dann wurden die Mitteilungen spärlicher. In meinem Kopf aber begannen sich Filme abzuspulen – quälende Filme, die ihn im Kreise wunderschöner Amerikanerinnen zeigten, die alles hatten, was ich an mir selbst schmerzlich vermisste – sie waren groß, klug, wunderbar, vor allem älter, vor allem Amerikanerinnen und gewiss alle mit großen Häusern und wunderbaren Wildparks mitten im Gand Canyon ausgestattet, in denen sie den Vermissten festhielten und verzauberten wie weiland die Zauberin Circe den armen Odysseus. Schlimmer noch: Er, mein bis dahin eigentlich gar nicht so furchtbar „doll“ geliebter Freund, verklärte sich in meiner Erinnerung zum Inbegriff aller Lebensmöglichkeiten, zum unabdingbaren Mittelpunkt meines Lebens, zum Retter meiner Jungmädchenseele und nun – so fern und vor allem so abtrünnig! – zum potentiellen Mörder meines Herzens. Stundenlang saß ich weinend in meinem Zimmer, gefangen in den Vorstellungen schlimmsten Verrats und immer kleiner werdend – wie sollte ein so wunderbarer, unvergleichlicher Prinz an einem Aschenputtel wie mir Gefallen finden? Zorn und Selbstmitleid hielten sich die Waage und am Ende glaubte ich ziemlich sicher, dass mein Leben mit 16 Jahren beendet sei.

Selbst wenn er wieder zurückgekommen wäre, hätte unsere Beziehung kaum mehr eine Chance gehabt. Zu stark war die von mir selbst geschaffene Imagination, zu sehr hatte sie – obwohl ja völlig fiktiv – mein reales Gefühlsleben vergiftet. Selbst wenn es überhaupt gar keinen wirklichen Grund gegeben hätte, hätte es mir die Scham, die ich wegen dieser Vermutungen und Unterstellungen ihm gegenüber empfunden hatte, unmöglich gemacht, ihm unbefangen gegenüberzutreten. Ich selbst hatte unsere Beziehung so beschädigt, dass es einer realen „Untreue" seinerseits gar nicht bedurft hätte.

Er kam wieder nach der verabredeten Zeit und hatte sich tatsächlich neu verliebt. Sie war zwar Schwedin und keine Amerikanerin, und auch sonst trafen meine Phantasien nur in einem Punkt zu: Sie war deutlich älter als ich, sogar als er, und tatsächlich fand er in ihr etwas, das ich ihm nicht hätte bieten können, das er aber suchte – eine Frau, an der er sich festhalten, orientieren, an der er wachsen konnte. Er hat sich bei seinem endgültigen Abschied vorbildlich und völlig korrekt verhalten, hat meinen Schmerz und meine Vorwürfe so liebevoll wie möglich ertragen und ganz richtig erkannt, dass er wohl der Letzte war, der mir wirklich helfen konnte. Nach einigen Wochen beruhigte ich mich und das Leben ging weiter; andere Themen und Menschen begannen mich zu beschäftigen.

Dieses Muster aber blieb mir noch lange als wirkliche Last erhalten – mir und denen, die sich in eine engere

Beziehung mit mir hineinwagten. Ich war eifersüchtig, und wenn ich diesen Satz heute in der grammatischen Form der Vergangenheit schreibe, so ist das insofern wahr, als diese „verdrehte“ Leidenschaft mich heute nicht mehr so absolut und vernichtend beherrscht, wohl deshalb, weil ich irgendwann die innere Dynamik dieses Verhaltens verstanden und begriffen habe: dass es wenig mit der jeweiligen Beziehung, noch weniger mit dem geliebten Menschen, sondern vor allem mit eigenen Mangelerfahrungen zu tun hat und aus diesen gespeist wird. Diese inneren Mangelerfahrungen aber sind – jedenfalls zu einem großen Teil – auszugleichen.

Ein eifersüchtiger Mensch hat vor allem eines: Angst. Angst, verlassen zu werden, Angst, nicht gut genug zu sein und ohne den jeweils Anderen im grauenhaften, weil absolut konturlosen Nichts verloren zu gehen. Eifersüchtige Menschen fühlen sich letztlich nicht geliebt, nicht von anderen Menschen, auch nicht von dem oder der eigentlich Geliebten, nicht von Gott und erst recht nicht von sich selbst. Sie brauchen andere Menschen – am besten einen, der ausschließlich für sie da ist. Nur mit und durch diesen einen können sie sich selbst spüren und als lebendig wahrnehmen, nur durch dessen Zuwendung können sie wirklich fühlen, dass sie existieren. Die Angst, diese Zuwendung zu verlieren, kann daher tatsächlich lebensbedrohlich sein oder doch wenigstens so wirken, und es ist nicht überraschend, dass in vielen Kriminalfällen zuerst nach dem Motiv „Eifersucht“ gefragt wird. Eifersucht hat etwas Mörderisches – die Frage ist nur, wen sie tötet, den Anderen oder den Eifersüchtigen, der von dieser Sucht, denn um nichts weniger handelt es sich, befallen ist.

Natürlich sind nicht alle Formen der Eifersucht so dramatisch. Im Gegenteil, es kann sogar liebevolle, verspielte Anklänge geben, die eine Beziehung um so reizvoller machen. „Ich wollte dich nur ein bisschen eifersüchtig machen“, sagen die Liebenden augenzwinkernd nach einem kleinen Flirt, denn eine „kleine“ Eifersucht beweist, dass ich dem Partner wichtig bin. Wer überhaupt nicht eifersüchtig ist, könnte es verdrängen oder ist vielleicht sogar ganz froh, dass der Partner, die Partnerin in einer anderen Beziehung findet, was die eigene nicht mehr bereithält. Aber wenn Eifersucht einen Menschen besetzt, wie in dem fiktiven Beispiel am Anfang dieses Kapitels beschrieben, ist sie alles andere als ein Spiel – dann ist das Leben bedroht, zumindest das Leben der Liebe zwischen zwei Menschen.

Es beginnt wohl immer mit dem Versuch, die glückliche Zeit des Anfangs festhalten zu wollen. Der oder die Andere wird nicht mehr als köstlicher Vertrauter, als innige Vertraute wahrgenommen, sondern als Besitz. Er, sie „gehört“ dann nicht mehr *zu* mir, sondern er *gehört mir*. Diese winzige Variante in der Formulierung ist entscheidend. Ich habe plötzlich ein Recht an und auf den Anderen, auf seine unbedingte und ausschließliche Bindung an mich mit Leib, Seele, Geist und in jeder Sekunde seines Lebens. Wird dieses vermeintliche „Recht“ verletzt – offenkundig oder vermeintlich –, begehrt alles in mir auf, ich fordere meinen „Besitz“ zurück, vor allem aber – wenn auch oft unausgesprochen – fordere ich mein Leben und meine Existenzberechtigung zurück. Dabei ist es nicht eben erleichternd, dass ebendiese Vorstellung von „Besitzrecht“ ja tatsächlich seit Jahrtausenden zumindest die in einer Ehe legalisierten Verhältnisse prägt und mit einem juristischen Anspruch versieht. Dass dieses Recht in diesen Jahrtausenden für Männer und Frauen durchaus unterschiedlich ausgelegt wurde und wird – Männer dürfen entweder legal oder auch nicht ganz legal durchaus auch mehrere Frauen „besitzen“, bei Frauen ist es bis heute ein ungleich schwereres Vergehen –, macht die Lage nicht übersichtlicher. Psychische Angst verbindet sich mit vermeintlich legalem Anspruch und kann eine Beziehung tatsächlich an den Abgrund führen – die darin gebundenen Menschen erst recht.

Wie aber kann ein Mangel an Geliebtwerden, ein Mangel an Selbstbewusstsein und Selbstakzeptanz denn ausgeglichen werden, wenn er vielleicht schon seit frühesten Kindertagen wirkt? Wie kann denn ein Mensch sich selbst lieben und für wert erachten, wenn er es nicht als ganz selbstverständliche Regung gelernt hat? Kann denn dieser Mangel an Zuneigung und bedingungsloser Liebe noch im Erwachsenenalter „aufgefüllt“ werden?

„In jedem Menschen ist ein Abgrund, den kann man nur mit GOTT füllen“, bemerkte der französische Philosoph Blaise Pascal. So einfach, so klar. Es gibt wohl eine tiefe, allertiefste Sehnsucht nach Liebe und Angenommensein und *bedingungsloser* Zuwendung in jedem Menschen, die in dieser Absolutheit tatsächlich nur von GOTT selbst erfüllt werden kann – jeder andere Mensch, jede Beziehung, an die dieser umfassende „Erfüllungswunsch“ gerichtet wird, muss damit überfordert sein, erst recht, wenn es sich nicht „nur“ um die ohnehin in jedem Menschen letzte Sehnsucht handelt, sondern wenn, wie oben beschrieben, Mangelerfahrungen aus Kindheit und Jugend diese Sehnsucht untermauern. Zutiefst und zuletzt lieben kann nur der Eine GOTT, der selbst die Liebe ist.

Es ist oft nicht leicht, dies zu akzeptieren. Es ist schmerzhaft anzuerkennen, dass es in jeder Beziehung einen „unerfüllbaren Rest“ gibt, einen Bereich im eigenen Herzen, der immer die Gefahr birgt, sich einsam zu fühlen. Gleichzeitig ist gerade dieser „unerfüllte Rest“ eben die Quelle der Sehnsucht, die mich auf andere zugehen lässt, sie in Liebe ansieht und die mich schließlich und zuerst in die Gegenwart des lebendigen Gottes führen kann – nicht weil Er sich immer in gleicher Weise zu fühlen und zu spüren gibt, aber weil Sein Name lautet: Ich bin da. Das ist der Name, mit dem Er sich dem Mose am Dornbusch offenbart hat, und das ist der einzige Name Gottes, der uns Menschen bisher anvertraut ist – Ich bin da, gerade in Angst und Einsamkeit und Eifersucht, gerade dort, wo sonst nur Leere und Abgrund sich auftun.

Zu diesem Namen sich einzufinden, sich ihm anzuvertrauen und sich von ihm wie von einer nie versiegenden Quelle erfüllen zu lassen, kann Liebe spürbar machen – im eigenen Herzen und von dort auch zu den anderen, zu der und dem anderen Geliebten. Dieser „Ich bin da“ kann mir helfen, die andere wieder als die Geliebte und doch köstlich Andere zu erkennen und sie mir nicht einzuverleiben wie einen Besitz, auf den ich einen Anspruch hätte (ganz gleich, ob wir in einer Ehe gebunden sind oder nicht). Diese unbedingte Gewissheit des „Ich bin da“, die mir zugesagt ist gänzlich unabhängig von eigener Leistung oder eigenem Versagen, eigener Liebenswürdigkeit oder Verdrossenheit, eigener Schuld oder eigener Freiheit, kann mir helfen, mich selbst in Seiner Gegenwart zu erkennen als Seine geliebte Tochter, als Sein geliebter Sohn, bedingungslos und in Ewigkeit. Und als so Geliebte kann ich lieben – frei und erkennend, wie liebenswert die anderen sind, einfach weil sie sind, was sie sind: Geliebte Gottes und mir anvertraut wie ich ihnen.

Trennung um der Liebe willen

Die Aussage dieser Überschrift ist widersinnig, paradox, unlogisch – aber lebensnotwendig. Was sich liebt, gehört zusammen, will nicht Abstand, sondern Nähe, will Verbindlichkeit und Gemeinsamkeit, nicht Freigabe und Eigenständigkeit. Was sich liebt, soll heiraten und sich nicht scheiden lassen. Oder doch Trennung, um das Kostbarste nicht zu zerstören, das Liebende verbindet, eben die Liebe?

Von ungefähr 50 Scheidungen von 100 Ehen in Deutschland sprechen die derzeitigen Statistiken, mehr wohl als je zuvor, seit überhaupt aufgeschrieben wird, wer sich verbindet und wer sich trennt. Ehe, Beziehung überhaupt, scheint zu einer eher unverbindlichen Verabredung verkommen zu sein, die man schon einmal eingeht – weil es ein schönes Fest ist, vielleicht auch, weil es für eingetragene Partnerschaften finanzielle Erleichterungen gibt, weil es ja auch mal eine spannende Erfahrung sein kann, verheiratet zu sein. Wenn's nicht klappt, trennt man sich halt wieder. Manchmal ist die Ehe sogar der Versuch, eine längst nicht mehr intakte Beziehung noch irgendwie zu retten – als könnte der äußere, gesetzliche Rahmen eine Sicherheit bewirken, die die Liebenden selbst in ihrer Beziehung nicht mehr empfinden. Ehe, verbindliche Beziehung also, scheint an Wert deutlich eingebüßt zu haben, wenn Statistiken über diese Fragen verlässliche Auskunft geben können.

Das Erleben von Trennungsprozessen aber erzählt etwas völlig anderes. Mag sein, dass die Paare, denen Trennung leichtfällt, für die eine Eheschließung oder das gegebene Versprechen ein weiteres Event in einer Sammlung von Abenteuern ist, nicht in die geistliche Beratung, in die Seelsorge oder in die Paarberatungsstellen kommen. Aber die, die kommen, und das sind viele, erleben ihre Trennung nie als etwas Belangloses, als etwas, das man nun lästigerweise auch noch abwickeln muss, um sich endlich in die nächste (unverbindliche) Beziehung zu stürzen. Das Gleiche gilt für Ordensleute, die nach oft jahrzehntelanger Zugehörigkeit zu ihrem Orden spüren, dass ihr Weg trotz aller anderen Vermutungen und trotz des feierlichen Versprechens, auf Lebenszeit in ihrer Gemeinschaft zu bleiben, anders weitergehen wird – in einer anderen Gemeinschaft, in einem anderen Auftrag, oft auch in einer neuen Beziehungsform.

Aber nie ist dieser Weg leicht. Immer ist er mit großen Schmerzen, mit Selbstzweifeln, mit Zweifeln an der (gemeinsamen) Vergangenheit, am Partner, an der Partnerin, ja am Leben insgesamt und oft auch an der Gegenwart GOTTES verbunden oder aber mit Zweifeln, ob man überhaupt würdig ist, diesem GOTT zu begegnen. Denn schließlich wird ein Versprechen in Frage gestellt, das doch im Angesicht GOTTES gegeben wurde.

Immer ist dieser Trennungsprozess mit einer tiefen Krise auf allen Ebenen des menschlichen Lebens verbunden, nur vergleichbar mit den Phasen erlebter Trauer, aber oft noch schwerer zu verkraften – denn die Schuldfrage stellt sich unweigerlich mit großer Härte, und es ist ein schwieriger Weg, auch die verschiedenen Ebenen von Schuld – und Schuldlosigkeit! – zu erkennen und angemessen damit umzugehen.

Und fast immer geschehen in dieser Trennungsphase zusätzliche Verletzungen, die sich mit denen vermischen, die überhaupt erst zum Trennungsgedanken geführt haben. Eine Gemengelage aus Vergangenem und Aktuellem, aus Vermeidbarem und Notwendigem, aus Angst, Wut, Schmerz und eben auch aus Liebe überflutet die Menschen, die sich in diesen Strudel geworfen finden. Und es braucht Zeit, oft viel Zeit, um dieses Chaos zu lichten, zu ordnen, zu schauen, wo Aushalten nötig ist und wo einfaches Handeln Erleichterung schaffen könnte. Es braucht Zeit, um in diesen aufgewühlten Phasen eine Grundsicherheit wiederzufinden, die verlässlichen Halt geben kann: sowohl in der ganz pragmatischen Alltagsorganisation – und dies gilt ganz besonders für Paare mit Kindern, die tatsächlich mitten im Trennungsschmerz nun auch noch ganz neue Abläufe der Alltags für die Kinder finden müssen – als auch in der Sinnsuche des eigenen so erschütterten Lebens und in der Frage nach der Gegenwart Gottes.

Es fängt meistens ganz leise an. Eigentlich läuft alles wie immer, nach außen sowieso. Gewohnheit bestimmt den Alltag, beide kennen einander in alltäglichsten Lebenssituationen ebenso wie in den besonderen Hoch-Zeiten des Lebens; die Empfindlichkeiten und auch die Ungezogenheiten des und der Anderen sind bekannt. Nicht mal das Streiten – wenn es denn stattfindet – ist noch aufregend, weil ohnehin schon klar ist, was sie sagt, wie er dagegenhält, wann die Tränen fließen und die Türen knallen. Die Nähe ist groß geworden, so groß, dass kein Raum mehr zwischen den beiden vorhanden ist – kein Raum mehr zum Staunen, keine achtungsvolle Distanz, die nötig wäre, um sich gegenseitig wirklich zu sehen.

Manches wird bald einfach nicht mehr erzählt, weil es ja ohnehin bekannt ist. Das so Bekannte wird allmählich mehr, die spannenden, faszinierenden und manchmal erschütternden, jedenfalls aber wirklich lebendigen Ereignisse finden zunehmend außerhalb der Partnerschaft statt.

Getrennte Berufswege vergrößern die unterschiedlichen Lebenswelten. Aber auch Paare, die sich ein Arbeitsgebiet teilen – Geschäftsbesitzer, Ärzte in einer Praxisgemeinschaft, Pfarrer und Pfarrerinnen, die in derselben Gemeinde leben, und erst recht Ordensleute –, erleben oft gerade durch die berufliche Nähe eine zunehmende Entfremdung zu dem oder den Anderen: Die ständige Gemeinsamkeit lässt oft keinen Raum mehr für wirkliche Begegnung. Beide sehen sich zwar (ich rede jetzt stellvertretend von einem [Ehe-] Paar, wobei sich vieles, wie gesagt, auf Ordensleute durchaus übertragen lässt) ständig, organisieren und besprechen sehr vieles miteinander, nehmen einander dabei aber nicht unbedingt wirklich wahr. Ein Rückzug nach innen beginnt, um wenigstens dort den Raum zu finden, in dem beide das eigene „Ich" leben können.

Auch Kinder sind selbstverständlich keine Garantie für eine dauerhaft glückliche Beziehung, und wehe den Kindern, die überhaupt nur deswegen – sozusagen als „Ehekitt" – empfangen wurden. Ihr Leben ist von einer unerträglichen Überforderung belastet, noch ehe es begonnen hat.

Wohl können die Kinder eine Zeit lang, manchmal über Jahre, für die „Abwechslung" sorgen, die jede (Liebes-)Beziehung braucht. Was aber ist, wenn die Kinder größer werden, sich von den Eltern nicht mehr als „Inhalt und Fundament ihrer Ehe" instrumentalisieren lassen? Oder was geschieht, wenn die Sorge um die Kinder – einfach weil sie klein sind und viel Zuwendung brauchen oder weil sie krank sind, unter Umständen sehr krank und auch nie ganz gesund werden, oder weil sie psychische oder soziale Probleme haben, die über die normalen Widrigkeiten hinausgehen, und sie deshalb viel Sicherheit und Geduld brauchen – zu viel wird? Was ist, wenn das Paar, das sich und die gemeinsame Beziehung gerade durch die Kinder stabilisieren und retten wollte, gerade an den Bedürfnissen der Kinder zerbricht? Dann bricht die Erkenntnis der Leere, der Hilflosigkeit, der Entfremdung nur umso heftiger über die beiden herein. Oft wird diese Hilflosigkeit dann in gegenseitigen Vorwürfen und Schuldzuweisungen laut, die sich an Einzelfragen festkrallen („Hättest du damals nicht, dann wäre jetzt ..." „Und wenn du nicht immer ..., dann würde jetzt nicht ..." – und wie die Zuweisungen so heißen mögen) und die Grundfrage außer Acht lassen, die Grundfrage nämlich: Wann haben wir aufgehört, einander als eigenständige Menschen wahrzunehmen und nicht nur als „Verlängerung" des eigenen Lebens, als „Erfüllungsgehilfen" eigener Bedürfnisse, als „Personifikation" all meiner ungelösten Probleme?

Wann haben wir aufgehört, übereinander zu staunen, uns auch scheu und achtsam vor dem Geheimnis, das in dem, in der Anderen wohnt, innerlich wenigstens zu verneigen? Wann haben wir die unglaubliche Torheit begangen zu glauben, dass wir einander besitzen, wie man einen Kleiderschrank und eine Badewanne besitzt? Mit anderen Worten, wann haben wir aufgehört, unsere Liebe zu pflegen, zu hüten, sie zu uns einzuladen wie eine edle Dame, die sich die Ehre gibt, und sie nur noch wie ein ungeliebtes Hausmädchen „gehalten", das niemand bemerkt, solange die Wäsche gewaschen ist und das Essen rechtzeitig auf dem Tisch steht?

Wann haben wir uns zum letzten Mal wirklich angesehen und uns ehrlich gefragt, ob wir uns noch lieben, so lieben, wie ein Liebespaar sich liebt?

Natürlich verändert sich die Liebe auch zwischen Paaren im Laufe der Jahre und Jahrzehnte. Natürlich sind Sprache und Gebärde, Bedürfnis und Abneigung bei einer 20-Jährigen anders als bei einer 60-Jährigen. Deshalb kann es auch nicht darum gehen, Formen zu konservieren, sondern alles hängt davon ab, ob der Liebe zwischen zwei Menschen jeweils die Form und die Sprache zugestanden werden, die das jeweilige Lebensalter und die jeweilige Lebensform der Einzelnen jetzt brauchen, wohlgemerkt: des oder der Einzelnen. Es ist oft der Beginn einer Trennung, dass dieses „jede/jeder für sich" nicht mehr gedacht, geschweige denn gelebt werden darf, sondern zwei „Ichs" sich in ein permanentes „Wir" auflösen – und wenn jede Frage, ob denn dieses „Wir" trotzdem noch aus zwei (unterschiedlichen) Menschen bestehen darf, sofort als Verrat und Niedergang der Beziehungsmoral beargwöhnt und verboten wird. Dabei ist das Gegenteil der Fall: Denn nur wenn zwei trotzdem noch zwei „Einzigartige" bleiben dürfen und sich so aneinander erfreuen, können sie einander achten und – lieben.

Wenn der Zwischenraum zwischen zwei Menschen auf Dauer zu klein wird und nicht sein darf, dann wird er oft nach außen oder nach innen verlagert, und dort findet dann auch das eigentliche Leben statt – der Beruf wird wichtiger als die Beziehung, die Beziehung zu anderen Menschen wichtiger als zum eigenen Partner, zur eigenen Partnerin. Wo das nicht möglich ist, weil es keinen eigenen Beruf geben kann oder geben darf, weil andere Beziehungen verboten werden, dann bleibt oft nur der Weg in die innere Emigration. Diese innere Emigration ist nicht immer ein Land, in dem dann alles schön und angenehm ist – nicht selten ist es dunkler Ort der Traurigkeit, der nur einen einzigen, aber entscheidenden Vorteil hat: es ist wenigsten ein „Ort für mich allein“. Manchmal scheint es so, dass Depressionen eine wichtige Funktion haben – sie sind tatsächlich der Rückzugsraum, in dem die eigene Seele zwar bekümmert und mutlos ist, aber doch immerhin ungestört. Vielleicht ist es deshalb für manche Menschen so schwer, sich aus diesem dunklen Land zu verabschieden, weil das etwas buntere, äußere, mit anderen Menschen belebte „Land“ außerhalb der Depression eben nicht frei und ungestört ist, sondern durch Kontrolle und Zwietracht, durch ein noch viel eisigeres Schweigen bedroht, weil es ein Schweigen zwischen zweien und nicht ein Schweigen zwischen mir und mir ist.

Eine ähnliche Funktion haben alle Arten von Suchtkrankheiten – sie schwächen und zerstören zwar den so erkrankten Menschen, aber sie sind eben doch ein Ort der scheinbaren Autonomie. Wenigstens dort bin ich allein verantwortlich und scheinbar unabhängig in meinen Entscheidungen; dass die Herrschaft bald an das „Suchtmittel“ abgegeben werden muss (ganz gleich, ob es sich um Alkohol, Essen oder Nicht-Essen, Arbeit, Spiel, Internet, Beziehungen oder was auch immer handelt), wird konsequent verleugnet. Und schließlich, wenn es gar nicht mehr anders geht, kann sogar der frei gewählte Tod die „letzte Rettung“ aus dem Kerker einer so abgetöteten Beziehung sein.

Zum Glück finden wohl die meisten Menschen andere Wege als diese allerletzte Fluchtmöglichkeit. Sie kommen einzeln oder – wenn es noch möglich ist – als Paar in eine Beratungsstelle, in die Seelsorge, zur Begleitung oder Therapie. Zwei Themen stehen dann meist im Vordergrund: erstens die Frage, was sofort getan, verabredet oder auch unterlassen werden muss, damit die und der Einzelne überhaupt wieder einen Bezugspunkt in diesem Leben findet. Was ist nötig, damit überhaupt erst einmal ein Aufatmen möglich ist?

Manchmal reicht es schon, voreinander zuzugeben und sich einzugestehen, dass das Paar sich in einer wirklichen Krise befindet, in der andere Regeln gelten, andere Erfordernisse beachtet werden müssen als bisher. Ansprüche an den Anderen werden vorerst zurückgestellt, der nötige Abstand wird zumindest bis auf weiteres verabredet. Nicht immer ist dafür auch eine räumliche Trennung geboten, aber manchmal ist gerade die räumliche Trennung ausgesprochen hilfreich, wenn sie möglich ist. Im schlimmsten Fall ist sie sogar zwingend nötig, nämlich dann, wenn es in der Familie zu psychischer, und erst recht, wenn es zu physischer Gewalt kommt.

Allein das Formulieren der Krise fällt oft schwer. Oft wurden über Jahre hinweg Scheinwelten nach innen und nach außen aufgebaut und mit großem Energieeinsatz gehalten, weil die Angst vor dem unbekannten „Danach“ oder dem ungewohnten „Ohne dich“ noch größer war als das Leiden an der Beziehung. Dies scheint besonders für Frauen zu gelten, die emotional und oft auch wirtschaftlich hochgradig von ihrem Mann abhängig und nicht selten unglaubliches Leiden zu ertragen bereit sind, bevor sie sich zu einer – und sei es vorübergehenden – Trennung entschließen. Aber auch Männer sind oft auf die „heile Fassade“ angewiesen – aus beruflichen Gründen oder weil auch sie nicht gelernt haben, zumindest eine Zeit lang für sich selbst zu sorgen. Auch Männer leiden häufig unter großer Verunsicherung, wenn sie merken, dass ihre Frau sie nicht mehr liebt und nur noch aus Gewohnheit oder aus Angst neben ihnen lebt. Wie sie damit innerlich und äußerlich umgehen, wäre ein wichtiger Beitrag, den ich mir allerdings von einem männlichen Autor wünschen würde.

Wenn es gelungen ist, eine neue gemeinsame Positionsbestimmung zu finden (und wenn es gemeinsam nicht geht, weil eine oder einer sich dem Gespräch verweigert, dann eben allein), dann ist schon ein wesentlicher Schritt in eine andere Richtung getan, in eine Richtung, die den Blick für die Vergangenheit und, daraus abgeleitet, in die Gegenwart und zumindest die nächste Zukunft öffnet und klärt.

Oft beginnt dieser Weg zurück mit der Frage: „Was habe ich, was haben wir wann übersehen?" Habe ich nicht bemerkt oder nicht wahrhaben wollen, dass der/die Andere sich von mir entfernt? Ab wann war ich selbst nicht mehr ehrlich und habe mir Gefühle eingeredet, die ich so nicht mehr empfand? Als er immer später nach Hause kam, als sie immer wieder schnell den Telefonhörer auflegte, wenn ich ins Zimmer kam, als wir uns nicht mehr aufeinander gefreut haben – warum habe ich es nicht gesagt, nicht einmal mir selbst eingestanden?

Wann fing das an, dass mich seine Eigenarten, die ich doch kannte und bis dahin gern ertragen habe, plötzlich zur Weißglut bringen konnten? Wann fing ich an, ihr ihre Vorlieben, die ich bis dahin zwar seltsam, aber liebenswert fand, vorzuwerfen, obwohl ich doch wusste, dass sie sie nicht ändern und ablegen kann? Wann begann die große Langeweile in unserer Beziehung, die wir mit Aktionismus überdeckt haben oder indem wir uns immer häufiger aus dem Weg gingen? Wann hatte ich zum ersten Mal den Verdacht, dass er mich betrügt? Weshalb fing ich plötzlich an, ihre Post und ihr Handy zu kontrollieren?

Oft stellt sich im Rückblick dann heraus, dass es schon seit Langem viele solche oder ähnliche Zeichen gab. Vielleicht gab es sogar anfangs ein Gespräch darüber oder auch Streit und Zwietracht – aber wirklich gestellt haben sich die Partner diesen Zeichen und der darin enthaltenen Grundfrage oft nicht, meistens aus Angst vor der Antwort. Die Grundfrage könnte lauten: Lieben wir uns noch? Passen wir noch zueinander?

Die Angst, dass die Antwort ein ziemlich klares „Nein“ sein könnte, war so groß, dass es viele Gelegenheiten gab, bei denen beide sozusagen zur „Tagesordnung“ übergingen – in der kindlichen Hoffnung, dass nicht existiert, wovor ich die Augen verschließe. Dabei könnte die Antwort ja auch anders lauten: „Nein, im Moment fühlt sich das, was uns verbindet, nicht nach Liebe an und unsere Bedürfnisse sind zur Zeit so unterschiedlich, dass unser Zusammenleben vor allem beschwerlich ist.“ Oder: „Doch, wir lieben uns, aber ich wünsche mir eine andere Form, eine andere Sprache für die Liebe.“ Oder: „Ich glaube, unsere Liebe hat sich verändert, aber in dieser veränderten Weise könnte sie eine ganz neue Erfahrung bereithalten, wenn wir gemeinsam danach suchen und neu aufeinander hören“. Wie jede Krise birgt auch die Beziehungskrise oft große Chancen – wenn sie denn als Krise, als Zeit der Wandlung und Verwandlung angenommen und ernst genommen wird.

Ich kenne ein Ehepaar, das nach etwa 30 Ehejahren, in denen beide gemeinsam vier Kinder aufgezogen haben, beruflich und ehrenamtlich sehr erfolgreich miteinander als Pfarrer und Pfarrfrau gearbeitet und einen großen gemeinsamen Freundeskreis gepflegt haben, feststellte, dass sie sich fremd geworden waren. So fremd, dass sie einander nur noch mit Mühe und auch nur „um der Gemeinde willen“ ertragen haben.

Die Frage nach der Scheidung stand im Raum.

Sie beschlossen, eine Trennung auf Zeit zu wagen. Da er in der Gemeinde tief verwurzelt war, entschieden sie miteinander, dass sie sich an einem anderen Ort, an dem sie viele Freunde und Aufgaben hatte, eine eigene Wohnung suchen sollte. Besuche wurden in relativ großen Abständen verabredet, Telefonkontakte nicht gefordert, sondern nur nach je eigenem Bedürfnis aufgenommen – mit der Möglichkeit für die oder den je anderen, sie in diesem Augenblick auch nicht zu erwidern. Die Beziehung wurde bewusst geöffnet, und es wäre durchaus möglich für beide gewesen, sich auch auf neue, dauerhafte Beziehungen einzulassen. Es sollte sich zeigen dürfen, ob es nach einer längeren Zeit eine neue Form der Gemeinsamkeit geben konnte oder ob beide in guter freundschaftlicher Distanz an verschiedenen Orten bleiben wollten. Diese Entscheidung war mutig und großartig, denn sie achtete und schützte genau das, was die einzig wirklich unentbehrliche Basis für eine Liebesbeziehung ist: die Würde, die Freiheit und Eigenständigkeit beider um der gemeinsamen Liebe willen.

Sie lebten ein paar Jahre also weitgehend getrennt, nahmen freundlich und offen Anteil aneinander und wussten, dass jeder in Notsituationen selbstverständlich für den Anderen da wäre. Auch die inzwischen erwachsenen Kinder wurden informiert und in die Überlegungen miteinbezogen. Natürlich regten sich Sorgen und Ängste bei diesen, bei anderen Verwandten und Freunden. Aber nachdem deutlich geworden war, dass die Alternative zu einer Trennung auf Zeit nur die sofortige und endgültige Trennung oder aber ein nur scheinbar gemeinsames Leben in immer größerer Mühe und gegenseitiger Beschwernis sein musste, wurde der Versuch schließlich als das akzeptiert, was er war: ein großherziges Bemühen, wachsen zu lassen, was wachsen will und wachsen kann, um einer lebensverneinenden Enge und Verdunkelung der Seelen entgegenzuwirken, auch eine sehr geistliche und evangeliumsgemäße Entscheidung, die zu beiden passte. Denn beide waren zutiefst aus dem Wort GOTTES lebende Menschen, die es ernst nahmen, dass der GOTT der Bibel um jeden Preis das Leben seiner Menschenkinder will.

Und tatsächlich: Nach einigen Jahren zogen sie in Freude und großer Freiheit wieder in ein gemeinsames Haus, das sie miteinander in einer anderen Stadt gesucht hatten, und begannen eine ganz neue Beziehung miteinander. Darin blieb die gefundene und geschätzte Freiheit beider erhalten, und gerade deshalb konnten sie wieder gelebtes Leben miteinander teilen – in einer zugewandten und liebevollen Weise, die ihrem Lebensalter – beide waren inzwischen Mitte 60 geworden – ganz entsprach. Nach weiteren zehn glücklich miteinander verbrachten Jahren starb die Frau. Die Beerdigung begleitete ihr Mann selbst. Die Feier atmete eine solche Leichtigkeit und fast österliche Freude, dass für alle Anwesenden eine Liebe spürbar wurde, die auch durch den Tod nicht mehr bedroht war. Ich bin gewiss, dass diese beiden auch im Himmel beieinander bleiben werden auf eine Weise, die wir uns hier noch nicht wirklich vorstellen können, in der aber die Liebe in Seiner Liebe vollendet wird.

Anders und doch ähnlich erging es einer Ordensfrau, die nach etwa 25 Jahren ihrer Ordenszugehörigkeit immer deutlicher spürte, dass ihr Weg eine andere Richtung nahm. Schon lange war sie unruhig, unausgeglichen, unkonzentriert und phasenweise depressiv. Das Gebet, der Gottesdienst und ihre Beziehung zu Gott, die ihr doch Quelle und Stärkung sein sollten, waren über Jahre öde und fruchtlos geworden. Fast alle Ordensangehörigen kennen solche Phasen; sie sind nach den ersten Jahren der Freude und des Eifers bis zu einem gewissen Grad ganz üblich – genau wie in jeder langjährigen Beziehung. In der Literatur der Wüstenväter gibt es für diesen Zustand einen Begriff und eine immer wieder zitierte „Vätererzählung“ (vielleicht ist es auch eine Müttererzählung), die für eine Zeit trägt und tröstet. Dieser Zustand der Unlust, der Ödnis, der Trockenheit und des Widerwillens wird als „Akedia“ bezeichnet und als „Mittagsdämon“ identifiziert. Denn dieser „Dämon“, dieser Geistesmissmut oder Seelenverdruss, überfiel die frühen Mönche und Nonnen in der „Mittagszeit“, wenn die Sonne hoch am Himmel stand, der Leib müde und durstig und die erste Hälfte des Tages mit einiger Anstrengung schon bewältigt war. Er überfiel – und überfällt! – die Mönche und Nonnen aber auch häufig in der „Mittagszeit“, in der Mitte ihres Lebens, wenn der jugendliche Aufbruch schon vorbei ist, die Arbeit viel und die Freude wenig ist und die Hoffnung, dass es ein neues und anderes Erwachen geben könnte in dieser und in jener Welt, noch nicht über den Schmerz der vergangenen ersten Liebe hinwegträgt. Die Psychologie beschreibt dasselbe Phänomen mit dem Begriff „midlife crisis“, und genügend populäre Literatur und entsprechende Lebenshilfe-Kurse beschäftigen sich inzwischen mit dieser durchaus sehr spannenden Lebensphase aus spiritueller, psychologischer und physiologischer Sicht.

Den Rat, den die Mönchsväter den so Ermüdeten geben, ist sehr schlicht und sehr hart in der Ausführung:

„Bleib in deinem Kellion". Das Kellion ist die kleine Hütte, die ein Mönch in der Wüste für sich allein bewohnte, späterhin also die Zelle oder das Zimmer. Das meint: Lass dich nicht verlocken und verführen von der Idee und dem Gaukelwerk, dass es irgendwo anders besser sein könnte als dort, wo du bist. Das Problem sind nicht die Umstände, sondern es liegt in dir selbst und es holt dich überall wieder ein, wo du auch bist. Warte, bis die Anfechtung vorbei ist, und dann wirst du sehen, dass gerade dort, wo du bist, sich ein neuer, weiter Raum aufgetan hat und du in einer anderen Weise ebendort leben kannst. Diese Erkenntnis: Der Schatz ist gerade dort zu finden, wo du bist – wurde in vielen Legenden ausgemalt, und ganz bezaubernd hat es der Kinderbuchautor Janosch in seiner *Reise nach Panama* gezeichnet.

Dabei bleibt die Frage offen, was denn jeweils das „Kellion" sei. Meint es wirklich den äußeren Raum, genau diese Gemeinschaft, diesen Wohnort, diese Beziehung? In der erwähnten Vätererzählung ist es so gemeint, und für den ratsuchenden Mönch war es genau die richtige Antwort – und das ist sie sehr oft, so auch für das mutige Ehepaar, das die Trennung auf Zeit gewagt hat. Das „Kellion" war ihre Ehe, in der blieben sie und fanden sich neu – aber nur, indem sie wagten, ihr eine neue Gestalt, auch einen neuen Inhalt zu geben. Das „Bleiben" bedeutet alles andere als Erstarrung und Stagnation, sondern gerade das Einwilligen in eine Verwandlung – so wie sich ein Leib im Laufe der Jahre und Jahrzehnte wandelt, der Mensch sich verändert und gleichwohl derselbe bleibt, aber von einer Lebensstufe zur nächsten hindurchgeboren.

Diese Wandlung im Bleiben und das Bleiben im Wandel zeigte sich für diese Ordensfrau, die sich der Frage nach der Zugehörigkeit zu ihrer Gemeinschaft stellte, anders. Als deutlich wurde, dass sie nicht nur an einer vorübergehenden Verstimmung litt, die mit ein paar Urlaubswochen, einem neuen Arbeitsgebiet oder einigen Beratungsgesprächen gelindert werden konnte, bat sie darum, sich für 30 Tage auf einen Exerzitienweg begeben zu dürfen – also in die sogenannten „großen Exerzitien", deren Methode auf Ignatius von Loyola zurückgeht. 30 Tage lang bleibt die Exerzitantin weitgehend allein und im Schweigen, trifft sich täglich mit einer Begleiterin oder einem Begleiter und wagt in dieser sehr geschützten Weise einen tiefen Blick in ihre Vergangenheit und ihre gegenwärtige Situation. Grundlage der Gespräche und der eigenen Betrachtung ist die Heilige Schrift, aus der Worte und Texte ausgewählt werden, die in das Leben der Exerzitantin hineinsprechen oder ihr ihre gegenwärtige oder vergangene Situation im Licht des Wortes Gottes vor Augen stellen und ins Herz senken könnten. Im Laufe dieser 30 Tage kann sehr viel geschehen und sehr viel Wahres sich offenbaren, gerade auch all das, wofür im Alltag keine Zeit bleibt und wovor die Angst groß ist.

Die Gemeinschaft, zu der die Ordensfrau gehörte, wollte ihrem Wunsch zunächst nicht entsprechen. So lange wollte man sie nicht entbehren, außerdem könne dieser intensive Weg sie verwirren und alles nur noch schlimmer machen, ihr Problem sei doch gerade im kommunikativen Bereich zu suchen; was sollte da ein so langes Schweigen nützen? Schließlich entschied ihre weise Oberin aber doch, sie ziehen zu lassen. Denn, so sagte sie, „entweder kommt sie danach mit frohem Herzen zurück und lebt gern und erfüllt wieder bei uns ihre Pflichten, oder sie geht, aber dann wäre sie ohnehin nicht mehr lange geblieben." Weise, wie gesagt – denn eine verlöschende Liebe lässt sich nie durch Zwang und „Inhaftierung“ wieder beleben, sondern nur noch viel schneller abtöten.

Die Ordensfrau hielt die Frage ebenso aus wie die Antwort, in der sie nach den 30 Tagen einen neuen, oder besser: veränderten und vertieften, Ruf GOTTES erkannte. Sie verließ ihre Gemeinschaft mit Trauer und wirklichem Schmerz, von vielen ihrer Ordensschwestern nicht verstanden und dennoch überzeugt, dass dies die einzige und notwendige Form war, um genau das zu tun, was sie in ihrer Profess versprochen hatte: nämlich GOTTES Willen zu leben, Ihm zu folgen und Seine Liebe zu verkünden. Nach einer Zeit des Rückzugs und der Orientierung lebte sie zunächst allein und eröffnete eine Praxis für geistliche Begleitung und psychologische Beratung und wurde in kurzer Zeit zu einer sehr gesuchten und geachteten Begleiterin für andere.

Die Trennung war nötig, wenn auch schmerzhaft, vor allem für sie selbst, denn sie liebte ihre Schwestern und war seit Jahrzehnten eng mit ihnen verbunden. Das gegebene Versprechen war auch für sie gültig und auch sie musste mit dem scheinbaren Widerspruch leben, dass sie, gerade um dieses Versprechen halten zu können, gehen musste.

Und es war schmerzhaft für die Schwestern, denn längst nicht alle konnten nachvollziehen und verstehen, was da im Herzen ihrer unglücklichen Schwester geschah. Viele warfen ihr vor, sie handle aus Eigennutz, sie habe kein Durchhaltevermögen und nur einen schwachen Willen, sie habe es womöglich niemals ernst gemeint mit ihrem Versprechen, sondern nur die Vorteile genutzt, die ein Ordensleben bieten kann. Solche Vorwürfe können tief verletzen, weil sie sachlich nicht zu widerlegen sind. Ein Gefühl, eine Ahnung, ein inneres Wissen kann niemand beweisen, man kann es nur glauben und an äußeren Zeichen ablesen – aber das muss man wollen.

Aber es gab auch Schwestern, die die Kraft hatten, die Aufbrechende trotz des eigenen Abschiedsschmerzes zu ermutigen, weil sie ihr glaubten, weil sie sie als verlässlichen und ernsthaft suchenden Menschen kannten und sie deshalb liebten. Denn nur die Liebe hat die Kraft, sich, wenn es um des Lebens willen sein muss, auch vom geliebten Menschen zu trennen – aus Liebe. Eine Liebe, die sich selbst überwunden hat und den Anderen dann wirklich um seiner selbst willen meint und liebt.

Und so gab es immerhin einige, mit denen die Ordensfrau ihren Schmerz teilen konnte, mit denen sie weinen, beten, traurig, aber auch hoffnungsvoll sein konnte. Denn sie erkannten, dass der Schmerz des Verharrens um vieles größer gewesen wäre, weil sie ihre Lebendigkeit und damit ihre Gottesbeziehung verloren hätte – und woraus lebt eine Ordensfrau, wenn nicht aus ebendieser Liebe? IHN hat sie nicht verlassen, sie ist im „Kellion" ihrer Liebe geblieben, ebenso wie das Ehepaar im „Kellion" seiner Ehe blieb. Aber die äußere Lebensgestalt hat sich auf die eine oder andere Weise gerade so verwandelt, dass sie das tun und leben konnten, wozu sie wie alle Menschen berufen sind – zur Liebe.

Trennung also und Scheidung können nötig und richtig sein – um der Liebe willen. Und dann kommt es sehr darauf an, wie diese Trennung begleitet und schließlich vollzogen wird. Natürlich ist es wenn irgend möglich sehr hilfreich und für die Zukunft entscheidend, dass beide – oder eben eine Gemeinschaft, aus der sich eine Schwester oder ein Bruder verabschieden muss – Zeit für die Trennung haben und miteinander im Gespräch bleiben können. Es gehört wohl zu diesem schmerzlichen Weg dazu, dass es auch, wie oben beschrieben, zu Vorwürfen und zu Verletzungen kommt. Vielleicht muss das sogar so sein, damit die Seelen der Betroffenen es wirklich schaffen, sich voneinander zu verabschieden oder zumindest auf Distanz zueinander zu gehen. Vielleicht muss diese Härte sein, damit man sich überhaupt trennen kann. Aber sie sollte wenn irgend möglich nicht das Letzte sein, das sich zwischen die Abschiednehmenden stellt, weil das Gift, das im Vorwurf und in der Schuldzuweisung steckt, im eigenen Herzen gärt – und letztlich eine gute und wirkliche Trennung sogar verhindert. Denn immer wird man diese Stiche, diese Ungerechtigkeit spüren und den oder die Anderen nicht wirklich aus dem Leben entlassen können. Das aber ist nötig, um sich dann, wenn es sein kann, in neuer Weise wieder zu begegnen oder eben den Anderen wirklich in Frieden ziehen zu lassen und selbst für einen neuen Lebensabschnitt frei zu sein.

Deshalb ist es sicher sehr zu wünschen, dass Menschen, die in Trennungs- und Scheidungszeiten leben, andere Menschen zur Seite haben, die sie begleiten: Paar- und EheberaterInnen, SeelsorgerInnen oder TherapeutInnen, vor allem aber gute Freunde und Freundinnen, bei denen sie auch abends und nachts anrufen können, wenn der Schmerz zu groß wird.

Aber sie brauchen auch dringend den Zuspruch von Ihm, dessen Liebe größer ist als alle Trennung, alle Scheidung, jeglicher Verlust und jede Angst. Es wäre so wünschenswert, wenn es in unseren Kirchen Trennungs- und Scheidungsrituale gäbe, die den beiden Betroffenen gerade auf diesem so schweren Weg den Segen und die Liebe Gottes zusprechen und zugleich sichtbar werden lassen, dass die Trennung vor Gott und den anwesenden Zeugen und Zeuginnen vollzogen ist

Vermutlich gibt es solche Feiern schon mancherorts, und wenn es sie noch nicht gibt, können sie gefunden und entwickelt werden. Wann immer ich mit Betroffenen über solche Formen gesprochen habe, erlebte ich eine fast scheue Freude und Hoffnung, dass das möglich sei. Dass es möglich ist, die Trennung nicht heimlich, voller Scham und in einem 10-Minuten-Akt in einem Verwaltungsbüro zu vollziehen, sondern ihr die Würde und den Klang zu geben, die sich die Trennenden als liebende und geliebte Menschen verdient haben, und so ihre gemeinsame Lebenszeit dem Erbarmen und der Liebe Gottes anzuvertrauen.

In unserer Gemeinschaft haben wir eine solche Abschiedsfeier. Mit einem internen Gottesdienst wird die Schwester, die in eine andere Lebensform überwechselt, mit Lied, Schriftlesung, Ansprache, Gebet und Segen verabschiedet. Im Rahmen dieser Feier geht sie noch einmal zu jeder Schwester der Gemeinschaft hin und verabschiedet sich persönlich, so wie sie ja in der Feier ihrer Profess auch von jeder persönlich begrüßt wurde und mit ihr den Friedensgruß getauscht hat. Sie legt die Zeichen ihrer Zugehörigkeit zu dieser Gemeinschaft – Ring, Gewand, Schleier, Kreuz – auf den Altar zurück, von wo sie diese einst entgegennahm, und wird schließlich von der Priorin aus unserer Kirche hinausgeführt. Die Schwester hat zuvor schon einen Angehörigen oder eine Freundin benachrichtigt, die sie vor der Kirche in Empfang nimmt, damit sie keinesfalls nach dieser sehr bewegenden Feier allein bleibt.

Durch eine solche gemeinsame Segensfeier wird der Schmerz natürlich noch einmal sehr spürbar. Aber die Trennung wird eben auch wirklich so vollzogen, wie sie geschlossen wurde – vor Gott und den Menschen. Allen Anwesenden, den Bleibenden und den Scheidenden, wird zugesagt, dass sie, wohin sie auch gehen und wo sie sich auch befinden, in der Gnade und in der Liebe Gottes bleiben und so in einem neuen Leben wandeln und sich wandeln lassen dürfen.

Wer will uns scheiden von der Liebe Christi? Trübsal oder Angst oder Verfolgung oder Hunger oder Blöße oder Gefahr oder Schwert? (...)
Denn ich bin gewiss, dass weder Tod noch Leben, weder Engel noch Mächte noch Gewalten, weder Gegenwärtiges noch Zukünftiges,
weder Hohes noch Tiefes noch eine andere Kreatur uns scheiden kann von der Liebe Gottes, die in Christus Jesus ist, unserm Herrn.

(Römer 8,35.38–39)

Lieben gegen Widerstände

Sie liebt ihn – aber er ist über 30 Jahre älter und seine Freunde äußerten sich spöttisch und sparten nicht mit Anzüglichkeiten, als er sie ihnen vorstellte. Ihre Familie war entsetzt, als sie sagte, dass sie mit ihm leben wolle, mit einem – in den Augen der anderen – alten Mann.

Er liebt sie – aber sie ist Christin, er ist Muslim. In der Gesellschaft, in der sie leben, bedeutet diese Verbindung für sie im schlimmsten Fall den Tod.

Sie lieben sich – aber sie sind zwei Frauen und gehören einer christlichen Gruppierung an, in der eine solche Liebe gleichbedeutend ist mit Todsünde. Erst verbargen sie ihre Beziehung und litten unter der Heimlichkeit, dann wurden sie „erwischt", als wären sie Verbrecherinnen, und nun versuchen ihre Glaubensgeschwister ständig, sie „gesund" zu beten.

Er liebt ihn – aber er ist ein hoher Staatsbeamter, und die Ehe mit seiner Frau gilt als Aushängeschild für seine unbescholtene Bürgerehre. Würde er sich zu dieser Verbindung bekennen, wäre seine Karriere dahin und beide würden sich auf der Titelseite drittklassiger Zeitschriften wiederfinden.

Sie lieben sich – sind aber immer wieder durch viele hundert und manchmal tausend Kilometer getrennt, und das oft für Monate. So unendlich schwer ist es, immer wieder zu warten, gegen das eigene Misstrauen anzulieben, nicht zu befürchten, dass es in der Zwischenzeit eine Andere, einen Anderen geben könnte.

Sie liebt sie – aber sie ist Mutter von drei Kindern und – nicht nur finanziell – abhängig von ihrem Ehemann. Wenn sie mit ihrer Freundin zusammenleben wollte, würde ihr Mann alles tun, um ihr die Kinder wegzunehmen. Das würde sie nicht aushalten; sie liebt ihre Kinder. Und wer weiß, ob die Beziehung zu der Geliebten wirklich sicher ist? Sie hat noch nie eine Frau geliebt; die Ruhe und Gewissheit der Geliebten ist ihr nicht immer ein Trost.

Er liebt ihn – aber er weiß, dass er todkrank ist und dass er das dem Geliebten niemals zumuten kann. Er verheimlicht seine Krankheit vor ihm und wird zerrieben zwischen der Sehnsucht nach Aufrichtigkeit und Trost und der Angst, den anderen zu überfordern und zu verlieren.

Sie lieben sich und dürfen es nicht. Alle sagen, dass es nicht geht, dass sie es nicht dürfen, dass es nicht erlaubt ist, aus welchen Gründen auch immer. Und die Gefahr, dieses „Es geht nicht, es darf nicht sein“ irgendwann zu glauben, ist die größte aller Gefahren. Es bedarf einer gewaltigen Kraft, einer fast übermenschlichen Anstrengung, diesem Verdikt ein anderes entgegenzusetzen, das Verbot weniger zu überspringen, als es aufzulösen, es zu befrieden – im eigenen Herzen, in den Herzen der anderen auch, wenn „es“ geschenkt wird. Es braucht die Kraft der Liebe.

Lieben gegen Widerstände. Zwei Menschen haben sich gefunden, sie sind geschaffen füreinander, sie erkennen sich als die, die sich immer schon gesucht haben – aber sie entsprechen nicht dem allgemein anerkannten Muster: Mann und Frau, etwa gleich alt und beide frei und ungebunden, um miteinander frei und in Frieden leben zu können. Sie können ihre Liebe nicht zeigen, erleben nicht, dass andere sich daran mitfreuen und sie gutheißen – und damit ja auch verstärken und bekräftigen. Zwei Menschen erleben, dass gerade das, was ihnen doch das Leben schenkt und den Himmel öffnet, in ihrem direkten Umfeld nur Heimlichkeit und Verdruss und Schmerz verursacht, bei anderen und also auch bei ihnen selbst. Kann das denn Liebe sein? Kann es Liebe sein, wenn sich zwei Menschen gerade durch ihre Liebe ausgrenzen, einsam werden oder für ihre Liebe kämpfen müssen?

Wenn Liebe nur das ist, was in der jeweiligen Epoche und von einer bestimmten gesellschaftlichen Gruppe als „Liebe" definiert wurde und erlaubt ist, dann sind alle Formen von Beziehungen, die diese Norm in irgendeiner Richtung überschreiten, eben nicht „Liebe", jedenfalls nicht nach der Meinung derer, die diese Definition aufgestellt haben. Allerdings ist damit die Frage des Anfangs wieder aufgenommen: Ist denn Liebe mit Kriterien wie Lebensalter, Geschlecht, gesellschaftliche Zugehörigkeit oder Konfession zu definieren? Oder handelt es sich bei solchen Definitionen und Begrenzungen nicht eher um ganz andere Interessen, etwa um die Kontrolle über kleine gesellschaftliche Einheiten (etwa Ehepaare und Familien, die steuerrechtlich viel leichter zu erfassen sind, wenn sie in klaren Grenzen zu beschreiben sind)? Oder um die Möglichkeit, über kleine und kleinste Gruppen auch eine geistliche Macht zu bewahren, wenn man gerade den Bereich, der das Leben lebendig macht, möglichst einschränkt und dem Anspruch einer moralischen

Legitimation unterwirft? Und wer gibt diese Erlaubnis, und mit welchem Recht?

Andererseits: Wenn es gar keine gesellschaftlichen und rechtlichen Beschränkungen gäbe, wären dann nicht auch wirklich lebensfeindlichen Beziehungssystemen Tür und Tor geöffnet, etwa der Ausbeutung von Kindern unter dem Deckmantel von „Liebe"? Widerstand ist also offenbar nicht gleich Widerstand, ebenso wenig, wie Liebe gleich Liebe ist.

Allgemeingültige Regelungen sind immer vorläufig und immer am konkreten Fall zu überprüfen und notfalls außer Kraft zu setzen. Es ist unter Umständen möglich, dass ein erwachsener, vielleicht sogar älterer Mann einen wesentlich jüngeren Mann, der vielleicht selbst eher noch ein Kind ist, tatsächlich liebt. Aber eben um dieser Liebe willen wird er, der Ältere, alles vermeiden, von dem er kraft seiner umfassenderen Lebenserfahrung weiß, dass es dem Jüngeren dauerhaft schaden muss – körperlich, geistig, seelisch. Um der Liebe willen wird er alles vermeiden, was den Jüngeren in eine emotionale oder gar materielle Abhängigkeit versetzt. Er wird erkennen, dass Freiwilligkeit in sehr jungem Alter gar nicht gegeben ist, weil ein Kind oder ein sehr junger Mann die Folgen dieser Beziehung nicht ansatzweise überblicken kann. Gerade um seiner Liebe willen wird er, wenn es denn Liebe ist, warten können – so lange, bis der Jüngere tatsächlich entscheiden kann, ob er eine Liebesbeziehung zu dem Älteren eingehen will oder nicht.

In diesen Fällen ist auch das staatsbürgerliche Recht ganz gewiss ein Schutz für die Gruppen, die sich nicht selbst schützen können – Kinder und Jugendliche also. Und es wäre sehr zu wünschen, dass die Menschen unserer

Gesellschaft emotionalen Missbrauch und sexuelle Ausbeutung in ihrer jeweils unmittelbaren Umgebung, oft in der eigenen Familie, mit gleicher Empörung anprangern, mit der über die insgesamt immer noch kleine Zahl von Fällen geurteilt wird, die in den letzten Monaten und Jahren veröffentlicht wurde. Und es wäre höchst wünschenswert, wenn mit gleicher Empörung auch jede Form von körperlicher, seelischer und geistlicher Ausbeutung und Vergewaltigung, Unterdrückung und Entwürdigung öffentlich gemacht würde, die auch und gerade innerhalb so genannter legaler Bindungen stattfindet, in den Ehen nämlich.

Selbst wenn wir heute sicher gelernt haben, dass auch Ehefrauen und Ehemänner das Recht auf Achtung ihrer Würde und Selbstbestimmung haben und nicht zum körperlich-seelischen „Besitz" ihrer Partners oder ihrer Partnerin werden, so geschieht es in den realen Beziehungen eben doch und immer wieder: Die Frauen werden zum Besitz ihrer Ehepartner und scheinen damit ihre Grundrechte zu verlieren – die Rechte, die für Liebende gelten, haben sie ohnehin verloren, wenn dieses Denken die Grundlage ihrer Beziehung darstellt.

Solche Klagen gelten ganz gewiss auch für Männer, wenn sie innerhalb oder außerhalb ihrer Ehe in entwürdigenden Beziehungen leben müssen. Allerdings scheint die Zahl der betroffenen Frauen noch immer ungleich höher zu sein, was aus der historischen Entwicklung leicht zu verstehen ist. Dennoch wäre es wünschenswert, eine entsprechende Darstellung auch von oder über eventuell betroffene Männer zu hören oder zu lesen, und ich danke allen, die ihr eigenes Erleben in dieser Weise auch öffentlich zur Sprache bringen. Wo immer Ausbeutung, Unterdrückung, jede Form von Entrechtung und Entwürdigung geschehen, darf man nicht schweigen, sondern muss schreien – nur so hören andere davon und nur so können wir alle einander helfen, seien wir selbst betroffen oder aber aufgerufen, zu helfen und wenn möglich an der Befreiung der so Gebundenen mitzuhelfen.

Ganz anders aber, wenn zwei erwachsene Menschen sich finden, sich in freiwilliger Liebe verbinden und, so verbunden, etwas von der Liebe in dieser Welt leben, die Gott selbst zum Leben gestiftet hat. Ganz anders, wenn diese beiden Menschen in und durch ihre Liebe sich am Rand, ja möglicher jenseits des allseits „Erlaubten" wiederfinden, sich plötzlich in eine Heimlichkeit und vor eine auch nonverbale Anklage gestellt sehen, die ihrem eigenen Empfinden von Beschenktsein und Glück im Innersten zuwiderläuft.

Was ist dann? Es beginnt ein Kampf und es ist ein Kampf, den wohl nur die Liebe selbst am Ende bestehen kann. Und es ist ein Kampf, der wohl immer Verletzungen verursacht – in den Liebenden ebenso wie in anderen, die sich durch diese Liebe selbst infrage gestellt sehen, die plötzlich aushalten und erleben müssen, dass das vermeintlich Sichere und der eigene Lebensentwurf ins Wanken geraten.

Zwei Frauen und ein Mann begegneten mir im letzten Jahr, alle in einer tiefen Beziehungskrise, aber jeweils in anderer Weise betroffen. Alle drei erlebten Liebe gegen Widerstände. Die eine, ich nenne sie Carola, ist 39 Jahre alt und lebt seit fast zehn Jahren in einer Ehe mit ihrem Mann. Gemeinsam haben sie vier Kinder. Carola arbeitet selbst als Erzieherin und Beraterin, ihr Mann ist freiberuflich tätig und oft für längere Zeit auf Reisen. Carola hat sich mühevoll daran gewöhnt. Sie weiß, dass sie ohne ihn nicht sein kann – er war es, der ihr, als sie selbst noch eine ganz junge Frau war, erstmals vermittelte, dass sie als Frau attraktiv und liebenswert ist. Bis dahin hatte sie selbst sich stets nur als überflüssig und irgendwie „falsch“ gesehen und versucht, ihren vermeintlich geringen Wert als Frau wenigstens durch ihre hohe Arbeitsleistung auszugleichen. Nun wusste sie sich plötzlich geliebt, geachtet, für schön befunden und war überzeugt, dass sie mit ihrem Mann bis zum Ende ihres Lebens zusammenbleiben würde – auch wenn die Ehe selbst immer wieder Phasen ernster Schwierigkeiten zu bewältigen hatte, in denen Misstrauen, Streit, Sprachlosigkeit das Miteinander zu einem Gegeneinander verdunkelten. Sie suchten eine Paarberatung auf, ohne dass sich grundlegend etwas in ihrem Verhältnis verändert hätte. Carola hatte sich damit abgefunden, dass ihr Mann und diese Ehe nun einmal so waren, wie sie waren, und war bereit, dies zu akzeptieren.

Eines Tages aber war sich Carola plötzlich sicher, dass ihr Mann eine andere Frau neben ihr hatte. Sie konfrontierte ihn, er leugnete nicht, im Gegenteil: Innerhalb weniger Wochen zog er aus der gemeinsamen Wohnung aus und bei der anderen Frau ein und kommunizierte mit Carola nur noch durch seinen Anwalt, um die Scheidung einzuleiten.

Carola stürzte in einen Abgrund. Alles, was zuvor so klar, so richtig, so sicher und so einfach war, hatte sich verflüchtigt; statt einer Zukunft sah sie nur einen riesigen schwarzen Krater vor sich, in den sie mit ihrem Leben, ihren Plänen, ihren Kindern, ihrem Haus, vor allem mit ihrem ganzen Selbst hineingezogen wurde, ohne den kleinsten Halt irgendwo zu finden. Eine begonnene Therapie half nicht weiter, sie erwog sehr ernsthaft, sich umzubringen. Allein die Anwesenheit der Kinder, die täglich versorgt werden mussten, hielt sie letztlich davon ab, ihren Entschluss in die Tat umzusetzen und ihr Leben in dieser Welt zu beenden.

Carola konnte nicht sterben, aber leben konnte sie auch nicht, weil es ihr nicht gelang, sich auch nur minimal von ihrem Mann zu lösen. Tag und Nacht dachte sie an ihn, der ihr überhaupt erst ein Gefühl für ihre eigene Daseinberechtigung vermittelt hatte. Ihn innerlich loszulassen bedeutete für sie, sich selbst loszulassen, und so waren gerade ihr Schmerz, ihre überwältigende Trauer, ihr Zorn und ihre Abhängigkeit das, was sie in den ersten Monaten nach seinem Auszug wie ein brüchiges Seil mit dem Leben, mit ihrem eigenen Leben verband. Es dauerte Jahre, bis Carola sehr langsam lernte, sich selbst auch ohne ihren Mann als eigenständige, liebenswerte, selbstbewusste Frau wahrzunehmen.

Ihr Mann lebte seine Liebe zu der anderen Frau und fügte seiner Ehefrau damit, absichtlich oder nicht, lebensgefährliche Verletzungen zu. Er konfrontierte sie – ungewollt, aber wirksam – mit ihrer eigenen existenziellen Abhängigkeit von ihm, und die Trennung bedeutete für sie einen Kampf, der einem Entzug von einem Suchtmittel bei schwerer körperlicher Sucht durchaus entsprach. Natürlich war die Beziehung auch schon vor der neuen Beziehung des Mannes problematisch gewesen, von Ansprüchen und Schuldzuweisungen belastet, getragen oft nur durch ein Schweigen, in dem alles enthalten war, was sie einander nicht hätten vermitteln können, ohne den Anderen ebenfalls aufs Schlimmste zu verwunden. Natürlich ist es denkbar und auch wahrscheinlich, dass die Ehe ohnehin irgendwann an den Punkt gekommen wäre, an dem sie sich jetzt befand, also an ihr Ende. Und dennoch bleibt es wahr: Die neue Liebe des Mannes hat sie verletzt und gefährdet – und dass diese Verletzung ihr letztlich zur Genesung diente, bleibt eine Wahrheit, die sie erst viel später erkennen sollte. Besonders in den Kindern hinterließ die Trennung Schäden an Seele und Geist, die lange brauchen würden, um zu heilen. Hätte er also auf seine neue Liebe verzichten müssen?

Die andere Frau, ich nenne sie Sonja, ist 45 Jahre alt, ebenfalls verheiratet und Mutter von zwei Kindern, eines davon noch im Schulalter, das andere gerade ausgezogen, um in einer anderen Stadt zu studieren. Ihren Mann hat sie vor zwanzig Jahren geheiratet, wissend, dass die Beziehung durch die wiederkehrenden Depressionen ihres Mannes belastet sein würde. Sonja ist erfolgreich in ihrem Beruf als Sozialarbeiterin und hat die zuweilen schwierige häusliche Situation mit vielen Freundschaften und beruflichen Kontakten ausgeglichen. So lebte die Familie halbwegs harmonisch und halbwegs in Frieden, auch wenn die wirklich gemeinsam verbrachte Zeit und die wirklich erfüllten Gespräche immer weniger wurden. Aber nach Sonjas Einschätzung hätten sie noch lange so weiterleben und ihre Kinder auf ihrem Weg begleiten können – wäre nicht plötzlich ein neuer Kollege aufgetaucht, in den sie sich nach wenigen Wochen verliebte. Er verkörperte alles, was sie bei ihrem Mann nicht finden konnte: Lebensfreude, Lachen, Kraft, ein bisschen Übermut und eine unverstellte Sinnlichkeit – und er zeigte ihr, wie lebendig sie sein konnte, wie attraktiv und wie schön, obwohl sie sich mit 45 Jahren nicht mehr viel Neues vom Leben erhoffte. Sonja und der Kollege begannen sich zu verabreden, unterhielten sich, und die Zeit, die sich im Zusammensein mit ihrem Mann so oft quälend hinzog, flog mit dem anderen dahin, ihr Geist, ihre Seele, ihr Leib atmeten auf und begannen vor allem dies: zu leben. Sie fuhren miteinander über das Wochenende in eine kleine Berghütte und nannten es Dienstreise. Sie verabredeten sich an den Abenden und nannten es Teambesprechung. Sie liebten sich vorbehaltlos – und schwiegen.

Sonja kam zur Beratung, als sie das Schweigen und die Heimlichkeit nicht mehr aushielt. Sie hatte keinen Zweifel daran, dass sie ihren neuen Freund von ganzem Herzen liebte, mit ihm leben wollte, dass er ein Geschenk war und ihre Liebe gesegnet sein musste, weil sie sonst nicht in dieser Weise zwischen ihnen blühen konnte. Und sie hatte keinen Zweifel daran, dass ihr Ehemann, wenn er von ihrer neuen Liebe wüsste, in eine tiefe Depression fallen würde. Sie hatte Angst, dass er sich, wenn sie ihm die Wahrheit sagte, das Leben nehmen würde. In seiner Familie hatten schon mehrere Menschen den Freitod gewählt; dies und seine lange Krankheitsgeschichte ließen die Befürchtung nicht unbegründet erscheinen.

Sonja war sich auch ziemlich sicher, dass ihre Kinder – obwohl schon fast erwachsen – ihr eine Trennung von ihrem Vater nie verzeihen würden. Er war krank, er war ihr Vater, die Eltern waren ihr Zuhause. Stets hatten sie, wenn sich Freunde der Familie getrennt hatten, mit Empörung reagiert und ihren Eltern vermittelt, dass so etwas bei ihnen ja wohl niemals vorkommen könnte.

Sonja hatte Angst. Um ihren Mann, ihre Kinder, ihre eigene Sicherheit – vor allem aber um ihre neue Liebe, die vielleicht nicht stark genug sein könnte, diesen Widerständen zu begegnen und dennoch lebendig zu bleiben.

Sie drohte zu erstarren, das Lachen zu verlernen. Die Verabredungen mit ihrem Freund, am Anfang so leicht und frei, wurden zunehmend belastet von ihrer Angst, ihren Fragen, schließlich von ihren Zweifeln, ob es ihr denn erlaubt sei – nicht von Menschen, aber von GOTT –, eine solche Liebe zu leben. Müsste sie also auf ihre neue Liebe verzichten?

Und schließlich ein Mann, hier Reinhard genannt: Sehr attraktiv und elegant gekleidet, wirkte der über 60-Jährige kraftvoll, lebendig, beschenkt mit einer starken Ausstrahlung voller Wärme und Klarheit. Er und seine Frau lebten seit vierzig Jahren in einer fröhlichen, entspannten Ehe. Sie teilen seit jeher gemeinsame Interessen, sie können einander ohne Schwierigkeiten ihre Freiräume lassen und sich miteinander darüber freuen, sie können miteinander streiten und sich versöhnen. Sie finden einander attraktiv und anziehend, auch jetzt im Alter, sie sind zärtlich miteinander und schenken sich gegenseitig die Gewissheit, schön und begehrenswert zu sein. Jedenfalls versucht Reinhard, seiner Frau dieses Gefühl zu geben. Seit vierzig Jahren versucht er es, müht sich unendlich, sie auch wirklich zu begehren – und schafft es seit vierzig Jahren nicht, diese andere Leidenschaft aus seiner Seele, seinem Leib, seinem Denken und Fühlen zu verbannen, diese Leidenschaft, die ihn zu anderen Männern hinzieht. So glücklich und freundschaftlich verbunden er mit seiner Frau ist – erfüllte sexuelle Beziehungen erlebt er nur mit Männern. Immer wieder hat er sich verliebt, immer hat er es seiner Frau gestanden und immer wieder hat sie ihm verziehen, obwohl es eigentlich nichts zu verzeihen gab. Immer wieder bliebt ein Schmerz zurück, lagert sich an, wird jedes Mal größer.

Es gibt etwas, das sie ihm nicht geben kann, einfach weil sie kein Mann ist. So sehr hat er versucht, diese Sehnsucht in sich zu bekämpfen – und es kommt immer wieder, immer wieder trifft er einen anderen und weiß genau, dass er mit diesem glücklich sein könnte. Ganz und umfassend glücklich. Und gibt diese Gewissheit immer wieder auf, weil er es seiner Frau nicht zumuten möchte, sich von ihr scheiden zu lassen.

Reinhard ist zermürbt und fühlt sich zutiefst sündig. Er leidet unter dem Gefühl, in dauerndem Ehebruch zu leben, auch wenn die einzelnen Beziehungen zu den anderen Männern jeweils viele Jahre auseinanderliegen. Ist er schuldig? Und wenn ja – woran? Was kann, was soll er denn aufgeben, um diese Schuld, wenn es denn eine ist, zu sühnen? Oder ist es doch ganz anders?

Liebe gegen Widerstände. Unzählige Beispiele ließen sich erzählen, die drei ausgeführten sind willkürlich ausgesucht, zum Teil erfunden, aber vermutlich doch wahr. Irgendjemand wird es irgendwo und irgendwann genau so erlebt haben. Und hier wird deutlich: Es kann nicht ein eindeutiges „richtig" oder „falsch" geben, kein moralisches Gesetz, das einfach genauso für alle in gleicher Weise anzuwenden wäre. Weder Gesetze noch Regeln, auch keine religiösen Gebote helfen bei der Frage, ob die Liebe zwischen zwei Menschen „erlaubt" ist oder nicht. Liebe, wenn es denn Liebe ist, ist immer erlaubt, sie selbst ist das höchste Gebot und Ort der Gegenwart Gottes:

Es trat zu Jesus einer von den Schriftgelehrten, die ihnen zugehört hatten, wie sie miteinander stritten. Und als er sah, dass er ihnen gut geantwortet hatte, fragte er ihn:

Welches ist das höchste Gebot von allen? Jesus aber antwortete ihm: Das höchste Gebot ist das: „Höre, Israel, der HERR unser GOTT, ist der HERR allein, und du sollst (wirst) den HERRN, deinen GOTT, lieben von ganzem Herzen, von ganzer Seele, von ganzem Gemüt und von allen deinen Kräften" (1 Mose 6,4–5). Das andere ist dies: „Du sollst (wirst) deinen Nächsten lieben wie dich selbst" (3 Mose 19,18). Es ist kein anderes Gebot größer als dieses.
Und der Schriftgelehrte sprach zu ihm: Meister, du hast wahrhaftig recht geredet! Es ist nur einer und ist kein anderer außer IHM; und IHN lieben von ganzem Herzen, von ganzem Gemüt und von allen Kräften, und seinen Nächsten wie sich selbst, das ist mehr als alle Brandopfer und Schlachtopfer. Als Jesus aber sah, dass er verständig antwortete, sprach er zu ihm: Du bist nicht fern vom Reich GOTTES. Und niemand wagte mehr, ihn zu fragen.

(Markus 12,28–34)

Wo die Liebe ist, da ist GOTT, denn GOTT ist die Liebe. So einfach ist das. Und so einfach ist es eben doch nicht, oder nur selten. Denn wieder taucht die wesentliche Frage auf, ob denn das, was uns mit anderen verbindet, wirklich Liebe ist oder doch nur Selbstliebe, Angst, Habsucht, Besitzgier, Gewohnheit. Selten werden sich all diese Beweggründe gänzlich voneinander trennen lassen, meistens ist wohl in jede Liebe, auch in jede wirkliche Liebe etwas von den anderen Regungen hineingemischt. Wir sind Menschen, aber auch liebende Menschen sind nicht ganz frei von solchen „Beimischungen". Aber es ist wichtig, sich dessen bewusst zu sein und zu prüfen, wem denn die Liebe zuerst und überwiegend gilt: zuerst der und dem Anderen oder doch eher meinen eigenen Bedürfnissen? Sieht meine Liebe, oder was ich so nenne, wirklich zuerst die oder den Anderen oder ist die Liebe doch eher eine tiefe Angst vor Verlust, die den Anderen nicht freilassen kann? Ist meine Liebe etwa längst zur verdrossenen Gewohnheit geworden, die aus Trägheit und Bequemlichkeit sich die Frage nach dem heute, wirklich heute Gültigen nicht stellen lassen will?

Und wenn ich mich neu verliebe – ist es wirklich Liebe, oder doch eher der Reiz der Abwechslung? Bin ich doch eher geschmeichelt durch die Aufmerksamkeit einer neuen Frau, eines neuen Mannes, der oder die mir bestätigt, dass ich immer noch attraktiv bin? Oder ist es vielleicht auch eine versteckte Nachricht an meinen langjährigen Partner, meine langjährige Partnerin, dass er oder sie sich meiner nicht zu sicher sein soll? Ein Hinweis für sie oder ihn, dass ich auf seine Zuwendung und ein Zeichen seiner lebendigen Liebe warte?

Ist die neue Beziehung zu einem anderen Menschen, die nach den Ordnungen der Gesellschaft, in der ich lebe, eigentlich unmöglich ist (zu alt, zu jung, „falsche" Religion, „falsches" Geschlecht oder wie auch immer unpassend), ist diese neue Beziehung vielleicht doch eher ein Zeichen meines persönlichen Aufbegehrens gegen diese gesellschaftlichen Normen, meine heimliche Revolution sozusagen – oder meine ich wirklich die Andere, den Anderen als Menschen? Würde ich mit ihm oder ihr auch zusammenleben wollen, wenn niemand etwas dagegen hätte?

Solche und andere Fragen sind zu prüfen, wenn eine Liebesbeziehung auf Widerstände und Hindernisse stößt. Nichts davon ist als solches moralisch verwerflich, sondern all diese Motive sind ganz natürlich und menschlich verständlich. Aber sie müssen benannt und abgewogen werden, um zu erkennen, ob es wirklich die Kraft der Gottesliebe ist, von der eine Beziehung lebt.

Wenn sie aber von der Liebe erfüllt ist, die GOTT uns schenkt und die in und zwischen zwei Menschen lebt, dann kann es nichts von Menschen Gemachtes geben, das dieser Liebe widersprechen darf. Denn GOTT ist größer als alle Gesetze und Normen, und die Liebe in Seinem Namen ist es auch.

Nicht immer ist diese Unterscheidung sofort zu treffen. Oft braucht es Zeit, ja es braucht sogar die Widerstände, um zu erkennen, ob die Liebe wirklich stark genug ist, auch inmitten und durch diese Widrigkeiten hindurch zu bestehen. Gerade der Widerspruch und die Hindernisse können eine Liebe läutern wie Gold: oder offenbar machen, dass es zwar eine schöne Zeit und eine vielleicht sogar sinnvolle Episode war – sinnvoll, um etwas ganz anderes zu offenbaren –, aber eben keine Liebe, die Orte, Zeiten, Fährnisse überdauert und mit Leben und mit sich selbst erfüllt.

Eines der schweren Geheimnisse Gottes aber wird bleiben, dass auch die wirkliche und sich hinschenkende Liebe sehr wohl Schmerz und Leid verursachen kann. Ein Paar, das sich findet und in ehrlicher, aufrichtiger Liebe miteinander lebt, verursacht gleichwohl heftige Schmerzen, wenn es andere Menschen zurücklässt, die möglicherweise ebenfalls aufrichtig geliebt haben. Die Anwesenheit von Schmerz und Verletzungen ist nicht das Gegenteil von Liebe – in den anderen nicht, in mir nicht. Damit ist zu leben. Damit ist zu lieben. Und schließlich ist GOTT selbst zu fragen, der uns so sehr geliebt hat, dass er seinen eigenen Sohn hingab, damit alle, die an ihn glauben, nicht verlorengehen, sondern das ewige Leben haben. (Johannes 3,16)

Liebesschmerzen – Gottesschmerzen? Nur sehr behutsam ist dieser Gedanke zu denken und zu fühlen. Nichts wird zugedeckt, nichts schöngeredet. Es bleibt Sein Geheimnis, eng verbunden mit der Frage nach dem Sinn des Leidens in dieser Welt überhaupt. Nichts ist wegzureden, nichts zu übersehen. Auch eine gesegnete und von Gott gewollte Liebe kann gefährden, verletzen, an den Abgrund treiben – sei es die Liebenden selbst oder die anderen. Und doch – und doch muss es auch im tiefsten Schmerz und in der Trauer einen Raum und eine Zeit geben, die Gottes Zeit und Gottes Raum ist und die selbst den Tod noch erfüllt mit nichts anderem als diesem: mit Liebe. Paul Celan sagt es so:

> *Still, der Dorn dringt tiefer ins Herz – er steht im Bund mit der Rose.*

„Das Gegenteil von Liebe ist nicht Hass, sondern Gleichgültigkeit“

(Elie Wiesel)

„Als sie das Mahl gehalten hatten, spricht Jesus zu Simon Petrus: Simon, Sohn des Johannes, hast du mich lieber, als mich diese haben? Er spricht zu ihm: Ja, Herr, du weißt, dass ich dich lieb habe. Spricht Jesus zu ihm: Weide meine Lämmer. Spricht er zum zweiten Mal zu ihm: Simon, Sohn des Johannes, hast du mich lieb? Er spricht zu ihm: Ja, Herr, du weißt, dass ich dich lieb habe. Spricht er zum dritten Mal zu ihm: Simon, Sohn des Johannes, hast du mich lieb? Petrus wurde traurig, weil er zum dritten Mal zu ihm sagte: Hast du mich lieb?, und sprach zu ihm: Herr, du weißt alle Dinge, du weißt, dass ich dich lieb habe. Spricht Jesus zu ihm: Weide meine Schafe.

(Johannes 21,15–17)

Einmal hätte doch auch gereicht. Eine klare Frage, eine klare Antwort, das wäre doch genug gewesen. Jesus ist doch auch sonst ein Freund einfacher, klarer Worte: „Eure Rede sei ja, ja, nein, nein. Alles Weitere ist vom Übel“, hat er gesagt. Warum jetzt dieses Nachfragen? Warum dieses drängende Beharren? Ist er sich seines Freundes, seines so sehr besonders Beauftragten nicht mehr sicher?

Verständlich wäre es, denn gerade sein so besonders Beauftragter hat ihn dreimal verleugnet. Aber auch das hat er, Jesus, ja gewusst und vorhergesagt. So muss er doch auch um die bittere Reue wissen, die Petrus um seines Verleugnens willen durchlitt. Warum also dieses Nachfragen? War er sich also doch nicht so sicher?

Und was heißt denn: „Hast du mich lieber, als diese mich haben?“ Wird da nicht eine ungute Konkurrenz erzeugt, die jede Gemeinschaft gefährdet? Jesus stellt die Frage nach dem „Mehr“. Nicht so viel wie alle – sondern mehr Liebe ist nötig, um den Auftrag zu erfüllen, den er Petrus zugedacht hat. Nicht so wie alle – Petrus muss ihn, Jesus, tatsächlich mehr lieben, als er andere Menschen und andere Dinge liebt, sonst wird er diesen Auftrag, der ihn mit ganzer Seele, ganzem Leib und allen Kräften fordern wird, nicht erfüllen können.

Jesus stellt hier die Frage, die allen Entscheidungswegen zugrunde liegt. Was liebst du mehr als anderes? Wen liebst du mehr als andere? Es ist die Frage aus der Beliebigkeit heraus in die Bindung, in die Verbindlichkeit, in die Einbindung, letztlich in die Vereinigung mit dem, den oder das ich liebe.

Der Exerzitienweg, den Ignatius von Loyola beschrieben hat und der seitdem in vielfach veränderter Form gerade auch geistlichen Entscheidungswegen zugrunde liegt, nimmt eben dieses „Mehr“ auf. Wofür hast du mehr Liebe? Nicht: Was kannst du besser, was hast du gelernt, was gebietet dir die Erziehung oder materielle Sicherheit oder gar die Angst? Sondern: Was liebst du mehr? Das und nur das sollst du tun. Entscheide dich für das, wofür du mehr Liebe empfindest.

Diese Frage nach dem „Mehr“ zu beantworten ist zuweilen schwer und bedarf nicht selten noch viel häufigerer Nachfragen, als sie Jesus hier dem Petrus zumutet. Zu stark und gerade heute auch zu populär ist eine Form von Gleichgültigkeit, die oft mit Toleranz oder innerer Freiheit verwechselt wird – wenn alles „gleich gültig“ ist, nicht nur im philosophisch oder abstrakten Sinne, sondern für mich persönlich, dann ist eben nichts mehr gültig als Richtlinie und Anleitung für mein Leben. Alles kann in Frage gestellt werden, jede Zusage wird sofort relativiert, jede Hoffnung auf eine Entwicklung oder auch nur auf den nächsten Schritt wird sofort in Frage gestellt – denn eine andere Entscheidung, ein anderer Weg, eine andere Hoffnung ist ja genauso „gültig“, nirgends ist Vergewisserung und Vertrauen. Viele Menschen, zumal jüngere, leiden heute weniger unter einer inneren oder äußeren Form von Unfreiheit, sondern unter der allenthalben postulierten Gleichgültigkeit. Kein Bekenntnis, keine Festlegung, kein Versprechen ist mehr statthaft, weil es als Intoleranz und Unflexibilität missverstanden werden könnte. Und so stehen sie vor der Fülle der „gleich gültigen“ Möglichkeiten und sind wie gelähmt – bis andere ihnen die Entscheidung abnehmen, ob sie es merken oder nicht, und sie in eine viel größere Unfreiheit stoßen, als es eine selbst gewählte Entscheidung je hätte tun können.

Was liebst du mehr? Wen liebst du mehr? Das tu, dem folge. Die Frage nach dem „Mehr“ wirklich zu beantworten und als Entscheidungsgrundlage ernst zu nehmen kann ernsthafte Konsequenzen, sogar Gefahren mit sich bringen.

Das Wort, das diesem Kapitel als Überschrift dient, stammt von Elie Wiesel – einem der bedeutendsten Schriftsteller und Wortkundigen unserer Zeit. Elie Wiesel hat als Jude im jugendlichen Alter mehrere KZ-Inhaftierungen überlebt und als einer der Ersten schon wenige Jahre nach seiner Befreiung gewagt, sein Erleben als rumänischer Jude in der Shoa in Worte zu fassen. Dabei hatten die Worte nach der millionenfachen Ermordung von Millionen Menschen, nach der Ausschaltung menschlicher Vernunft und der unsäglichen Vernichtung menschlicher Würde in den deutschen Konzentrationslagern jede Gültigkeit und Brauchbarkeit verloren. Elie Wiesel hat versucht, die Sprache wieder oder überhaupt neu zu finden, Worte wieder neu mit Inhalt und Bedeutung zu füllen, ohne ihre bleibenden Verletzungen deshalb zu verleugnen. Als so Geretteter und gleichwohl auf Lebenszeit Verwundeter hat er dieses Wort geprägt: „Das Gegenteil von Liebe ist nicht Hass, sondern Gleichgültigkeit."

Es war diese Gleichgültigkeit, mit der die Verantwortlichen die Todesmaschinerie in Gang gesetzt und bedient haben – von der Erstellung der ersten Listen der zu Deportierenden über den Bau von Gaskammern und Krematorien und das mechanische „Bestücken" dieser Todesfabriken mit dem notwendigen Instrumentarium und Arbeitern, die alle Handgriffe ausführten, bis hin zur „Inbetriebnahme", also zur Ermordung von Millionen Menschen darin. Die wenigsten dieser Verantwortlichen haben ihre Opfer persönlich gehasst, die wenigsten hatten einen eigenen Grund dazu – immer wieder ist das in den Augenzeugenberichten und den späteren Prozessakten zu lesen. Diese Opfer waren ihnen schlicht „gleich gültig". Sie galten ihnen nicht mehr als die Frage nach der persönlichen Sicherheit, nach der eigenen Ungestörtheit, manchmal nicht mehr, eher weniger als eigenes Forschungsinteresse oder andere persönliche Vorteile, die ein „reibungsloser" Ablauf der Vernichtung versprach.

Auch und gerade die Millionen Menschen im Deutschland der dreißiger und vierziger Jahre, die keineswegs aktiv an der Ermordung der Juden beteiligt waren, haben die Juden mit Sicherheit nicht gehasst. Im Gegenteil: Immer wieder ist zu lesen, dass der jüdische Arzt, die jüdische

Lehrerin, die jüdische Freundin, der jüdische Schulkamerad ganz besonders beliebt waren.

Als Arztbesuch und Schulfreundschaft mit Juden gefährlich wurden, da wurden sie gleich-gültig. Die Tatsache, dass Menschen einfach verschwanden oder wissentlich getötet wurden, war nicht wichtiger, nicht gültiger als die Sorge um die eigene Unversehrtheit, die eigene Ruhe, der eigene Wohlstand, der nicht selten mit dem zurückgelassenen Besitz jüdischer Familien üppig vermehrt wurde. Man schaute weg, man schwieg, man war gleichgültig.

Aber stimmt das denn? Waren sie ihnen wirklich „egal", berührte es sie wirklich nicht? Kann es einen Menschen wirklich unberührt lassen, wenn ein anderer leidet, gar verschwindet oder getötet wird? Sind Mitleid und der Wunsch zu helfen nicht doch ein dem Menschen zutiefst eigenes Verlangen, fast so etwas wie ein Reflex, den zu unterdrücken einige Anstrengung erfordert?

Einem anderen, der in Not gerät, nicht beizustehen bedarf, so glaube ich, einer starken Gegenkraft, die diesem allen Menschen eigenen „Reflex" so überlegen ist, dass der Wunsch zu helfen unterdrückt wird. Was bleibt, ist eine seltsam starre, leblose Haltung, in der weder das eine Gefühl – nämlich mitzuleiden und mitzuhelfen – noch auch das andere, nämlich selbst an der Vernichtung mitzuwirken, zur Tat werden kann. Es bleibt ein „Nicht-Tun", eine unbelebte Tatenlosigkeit. Plötzlich scheint es tatsächlich „gleichgültig", was da geschieht: Es geht mich nichts an, ich werde nicht berührt, es irritiert mich nicht.

In Wahrheit aber hat nicht Gleichgültigkeit gewirkt, sondern Angst, selbst in diese Gefahr zu geraten, selbst inhaftiert zu werden; Angst, nicht stark genug zu sein für das Leid, dem ich begegne, dem anderen letztlich doch nicht helfen zu können und meiner eigenen Ohnmacht nicht gewachsen zu sein.

So schauen wir weg, mauern uns ein in unserem eigenen kleinen Lebenskreis, den wir gerade noch zu ertragen meinen, und lassen das, was uns innerlich oder äußerlich bedroht, so lange wie irgend möglich scheinbar achtlos und gleichgültig an uns vorüberziehen oder weichen ihm eben aus, wenn „es" nicht vorüberziehen will.

Das Gegenteil von Liebe ist nicht Hass, aber auch nicht Gleichgültigkeit. Das Gegenteil von Liebe ist Angst.

In den Tagen, da ich diese Zeilen schreibe, sind viele Menschen bewegt, empört, keineswegs gleichgültig gegenüber den massiven Widersprüchen in staatlichem Handeln bezüglich der Wünsche vieler Menschen in diesem Land und der Gefährdung der Schöpfung. Castortransport nach Gorleben, die Gefährdung durch Atommüll, die völlig willkürlich getroffene Entscheidung für die Verlängerung der Laufzeiten deutscher Atomkraftwerke und „Stuttgart 21", also der gegen den Willen der Bevölkerung durchgesetzte Bau einer neuen Bahntrasse unter der Stadt Stuttgart, sind die Begriffe, unter denen sich Protest und viel kreatives Engagement von Menschen aller Altersgruppen, aller sozialen Schichten und quer durch die politischen Lager hindurch versammeln und sehr deutlich zu Gehör bringen.

Aber genauso häufig ist Ärger zu hören: Wegen der Demonstrationen fahren die Züge nicht pünktlich, die Demonstranten blockieren die Straßen, und wegen der Fernsehübertragung dieser Szenen kann ein angekündigter Fernsehfilm erst ein paar Minuten später ausgestrahlt werden. Der Grund für die vorübergehenden Einschränkungen unseres bequemen Alltags ist dabei „gleichgültig" – ja, weniger gültig als die Bedeutung vermeintlicher

Notwendigkeiten. Viel schwerer als Umweltfragen, Demokratieverständnis und ein ehrlicher, weiter Zukunftsblick scheint die Sorge um die momentane Einschränkung der persönlichen Lebensqualität zu wiegen, und sei es auch nur für wenige Minuten.

Die Bedrohung des gesamten Lebens auf der Erde für die nächsten Jahrmillionen scheint weniger wichtig zu sein als die Frage, ob der Anschlusszug eine halbe Stunde später eintrifft und ich vielleicht doch einen wichtigen Termin verpasse.

Die Relationen verschieben sind in grotesker Weise, mein Leben hier und jetzt und gemäß meiner eigenen Planung wiegt wesentlich mehr als das Leben der Menschheit, der Schöpfung und erst recht als die Verantwortung, die wir als Menschen miteinander für diese Welt tragen. Die ist uns erschreckend gleichgültig.

Oder liegt hinter den zuweilen etwas kleinlich anmutenden Hinweisen auf die durch Demonstrationen verursachten Unbequemlichkeiten doch auch Angst? Angst vor dem Arbeitgeber, der es nicht toleriert, wenn ich durch die Straßenblockaden zu spät am Arbeitsplatz erscheine? Angst vor den Polizisten, die vielleicht nicht nur die Demonstranten, sondern auch mich selbst treffen könnten mit Pfefferspray und Schlagstock, wenn ich zufällig in den Demonstrationszug gerate? Überhaupt die Angst davor, dass ich in der Menschenmenge verlorengehe?

Vielleicht aber auch eine Angst, die noch viel größer ist als all diese Vorläufigkeiten: die Angst nämlich, dass das, was da von den Oppositionsgruppen als Sorge formuliert wird, tatsächlich wahr sein könnte. Dass wir alle schon längst keine Kontrolle mehr über unser Leben haben, dass die Atomkraftwerke tatsächlich unser Leben viel mehr bedrohen als ein ausgefallener ICE, dass die sterbenden Bäume uns tatsächlich nur einen kleinen Schritt vorausgehen, dass die Menschen, die unter dem NS-Regime ermordet wurden, uns viel näher sind, als wir ahnen, weil es beim nächsten Mal andere Kriterien sein könnten, mit denen „unwertes Leben“ ausgesondert wird. Vielleicht werden beim nächsten Mal alle blonden Menschen „aussortiert“, und vielleicht bin ich es dann, die an der Gleichgültigkeit der anderen verzweifelt.

Das wirkliche Gefühl von Angst und Bedrohtsein ist bei vielen, sehr vielen Menschen so groß, dass sie lieber die Augen schließen und sich mit denen solidarisieren, von denen die Bedrohung ausgeht, als mit denen, die versuchen, dieser Bedrohung ihre schwachen Kräfte entgegenzusetzen. In der Psychologie ist diese „Identifikation mit dem Aggressor“ als vermeintliche Überlebensstrategie ein bekanntes Phänomen – wenn ich dem, der mich bedroht, nichts tue und stillhalte, ihm vielleicht sogar noch zuarbeite, lässt er mich vielleicht am Leben. Vielleicht. Aber um welchen Preis! Um den Preis der Liebe, der Aufrichtigkeit, der Wahrhaftigkeit und des Mutes. Letztlich um den Preis all dessen, mit dem wir ausgestattet sind, um ein freies und solidarisches Leben miteinander, mit der Schöpfung und in freimütiger Beziehung zu dem Gott zu leben, der das leben will – für alle; der uns mit der Kraft der Liebe, der Besonnenheit, des Mutes und des Mitleidens mit denen, die leiden, begabt hat.

Dies alles aufzugeben aus Angst bedeutet letztlich, die eigene Würde aufzugeben, die uns als Menschen geschenkt, aber auch zugemutet wurde. Wir werden zu Schatten schon in diesem Leben, schattenhafter als alle, die die Katastrophen überleben und eben dadurch in eine ganz andere Freiheit und Unabhängigkeit gelangen, weil sie wissen, dass es etwas Schlimmeres als den Tod gibt – den seelischen und geistlichen Tod schon in diesem Leben.

In dem bekannten Gleichnis vom barmherzigen Samariter gibt Jesus einen knappen, klaren Rat, wie der Angst zu entkommen und das Leben zu gewinnen ist:

> *Und siehe, da stand ein Schriftgelehrter auf, versuchte Jesus und sprach:*
> *Meister, was muss ich tun, dass ich das ewige Leben ererbe?*
> *Er aber sprach zu ihm: Was steht im Gesetz geschrieben? Was liest du?*
> *Er antwortete und sprach: »Du sollst den Herrn, deinen Gott, lieben von ganzem Herzen, von ganzer Seele, von allen Kräften und von ganzem Gemüt, und deinen Nächsten wie dich selbst.«* (5. Mose 6,5; 3. Mose 19,18)
> *Er aber sprach zu ihm: Du hast recht geantwortet; tu das, so wirst du leben.*
> *Er aber wollte sich selbst rechtfertigen und sprach zu Jesus: Wer ist denn mein Nächster?*
> *Da antwortete Jesus und sprach: Es war ein Mensch, der ging von Jerusalem hinab nach Jericho und fiel unter die Räuber; die zogen ihn aus und schlugen ihn und machten sich davon und ließen ihn halb tot liegen.*
> *Es traf sich aber, dass ein Priester dieselbe Straße hinabzog; und als er ihn sah, ging er vorüber.*
> *Desgleichen auch ein Levit: Als er zu der Stelle kam und ihn sah, ging er vorüber.*
> *Ein Samariter aber, der auf der Reise war, kam dahin; und als er ihn sah, jammerte er ihn; und er ging zu ihm, goss Öl und Wein auf seine Wunden und verband sie ihm, hob*

ihn auf sein Tier und brachte ihn in eine Herberge und pflegte ihn.
Am nächsten Tag zog er zwei Silbergroschen heraus, gab sie dem Wirt und sprach: Pflege ihn; und wenn du mehr ausgibst, will ich dir's bezahlen, wenn ich wiederkomme.
Wer von diesen dreien, meinst du, ist der Nächste gewesen dem, der unter die Räuber gefallen war?
Er sprach: Der die Barmherzigkeit an ihm tat. Da sprach Jesus zu ihm: So geh hin und tu desgleichen!

(Lukas 10,25–37)

Was also hat den Samariter bewogen, das Einfache und Nächstliegende zu tun? Vielleicht nur die Liebe. Nur die einfache schlichte Liebe zu einem Menschenbruder, der in Not war, ohne seine Angst groß werden zu lassen, ob dieser Hilflose nicht vielleicht selbst ein Räuber sei. Ohne lange darüber nachzudenken, ob er das darf oder gleich mit einer Klage wegen Kompetenzüberschreitung belangt wird. Er denkt nicht lange nach, ob er sich das leisten kann oder ob nun sein Bankkonto endgültig gesperrt wird. Er fragt nicht, ob er durch diese Unterbrechung seinen nächsten Termin verpasst und nun vielleicht die schon angedrohte Kündigung in seiner Post findet. Er hilft einfach – auch ohne angesichts dieses konkreten Hilfebedürftigen in eine endlose und fruchtlose Klage über das Leiden der ganzen Welt zu verfallen, eine Klage, die zuweilen auch nur einen Selbstschutz gegen den eigenen und so notwendigen Handlungsimpuls darstellt.

Wir müssen nicht die ganze Welt retten (welch ein Hochmut, so zu denken), aber das Nächstliegende tun, der oder dem buchstäblich Nächstliegenden die Hilfe anbieten, die wir geben können (und wer könnte überhaupt gar nicht helfen, nicht einmal mit einem guten Wort, einer lindernden Geste?), das ist der Weg zum „ewigen Leben" – zu einem Leben erfüllt von Liebe. Um dann zu erfahren, dass uns, wenn wir selbst einmal „unter die Räuber gefallen" sind, dasselbe widerfahren möge. Denn nichts ist der Liebe gleich gültig. Liebe will immer mehr – mehr Leben, mehr Liebe, mehr Gotteswirklichkeit in dieser Welt.

Die Jüngeren lieben, die Älteren ehren – Liebe zwischen Geschwistern und Generationen

Die Jüngeren sollen also die Älteren ehren, die Älteren sollen die Jüngeren lieben. So steht es im dritten Vers des 63. Kapitels der Benediktsregel – jener Anweisung zum geistlichen Leben, die seit über 1500 Jahren als Grundlage nicht nur in den Klöstern der benediktinischen Familie gilt, sondern auch vielen anderen Ordensgemeinschaften und neuerdings auch ganz anderen Berufs- und Interessensgruppen als Orientierung und Quelle auf der Suche nach gelebtem geistlichem Leben dient.

Dieser Regel, wenn sie auch in vielem auf Grund ihren hohen Alters heute in vielem übersetzt und interpretiert werden muss, wohnt eine immer wieder verblüffende Aktualität und eine erstaunliche Kenntnis der menschlichen Seele und entsprechender psychischer Muster und Bedingtheiten inne. Und diese Regel ist bescheiden, das ist vielleicht ihr größter Wert. Selten nur versucht sie, den Menschen in seiner Menschlichkeit, also auch mit seinen Begrenzungen und Unmöglichkeiten, radikal zu verändern, und ist bestrebt, Überforderung und Enttäuschung zu vermeiden, wenn möglich. Gleichzeitig traut sie uns – ganz im Sinne Gottes – etwas zu: Wir sind, wie wir sind, aber nicht immer müssen wir in allem auch so bleiben, wie wir sind. Manchmal hilft ein kleiner Blickwechsel, ein neues Verständnis eines Verhaltens (sei es meines oder das einer anderen), ein wenig Distanz zu mir und anderen, um einen Weg zu entdecken, den ich vorher nicht wahrnahm.

Sehr sorgfältig und damit schriftgemäß – also der Sorgfalt des Gotteswortes gemäß – geht die Benediktsregel mit Wort und Sprache um. Formulierungen haben einen sehr durchdachten, vor allem aber einen in Jahrhunderten durchlebten Sinn. Im Kapitel „Von der Rangordnung im Kloster“ findet sich also die knappe und sehr präzise Anweisung zur inneren Haltung, in der die Brüder oder Schwestern einander begegnen sollen: Die Älteren ehren, die Jüngeren lieben.

Warum diese Unterscheidung? Warum nicht beide ehren, oder besser noch: beide lieben? In dem Wort „ehren“ steckt sicher mehr Distanz, mehr Respekt, mehr Zurückhaltung auch. „Fürchten und ehren“ sind verwandte Begriffe und werden in der Heiligen Schrift im Blick auf Gott gebraucht: Du sollst den Herrn fürchten und ehren. Aber nicht doch auch lieben? Gerade Ihn sollen und werden wir doch auch lieben? Und umgekehrt – ist nicht wirkliche Liebe selbstverständlich auch von Respekt und Achtung vor dem oder der Geliebten geprägt?

Sicher, und doch wählt Benedikt diese Begriffe und trifft damit auch die Unterscheidung hier nicht zufällig. Er geht von der Beobachtung aus, dass Jüngere und Ältere es nicht immer ganz leicht miteinander haben – das ist im Kloster nicht anders als in den Familien oder in anderen Gemeinschaften, in denen Jüngere und Ältere einander begegnen und kürzer oder länger miteinander leben.

Um das Klischee zu bemühen: Die Jüngeren verstehen die Älteren oft nicht, weil diese ihnen als starr und rückständig und wenig flexibel erscheinen, die Älteren verstehen die Jüngeren ebenfalls oft nicht, weil sie ihnen als zu schnell, zu unverbindlich erscheinen und zu wenig behutsam mit den kostbaren Lebenserfahrungen der Älteren umgehen. Jüngere wollen „alles, und zwar sofort", Ältere wollen oft gar nicht mehr viel außer das, was sie sich erworben haben in ihrem Leben, und schnell muss es auch nicht gehen. Natürlich sind das grobe Vereinfachungen, die – zum Glück – durch unzählige Gegenbeispiele relativiert werden können.

Benedikt verlangt von den Jüngeren nicht, dass sie die Älteren lieben. Er erwartet nicht, dass sie sich deren Lebenshaltung ganz zu eigen machen, dass sie ihnen in aller Leidenschaft und Hingabe zugetan sind – Haltungen, die sie in der Regel wohl eher Menschen ihres Alters entgegenbringen, die mit der gleichen Unbedingtheit, ja manchmal auch Unverschämtheit die Fülle des Lebens fordern und von diesem auch gefordert werden wollen. Aber sie sollen die Älteren „ehren" – für wert erachten und anerkennen, was diese geleistet haben, auch und gerade für sie, die Jüngeren, die sonst nicht so leben könnten, wie sie es tun. Sie, die Jüngeren, sollen die Distanz, die zwischen den Generationen herrscht, durchaus anerkennen und keineswegs verleugnen. Aber gerade diese Distanz kann helfen, die Lebensleistung der Älteren insgesamt zu sehen und in ihnen – trotz sicher vorhandener Meinungsunterschiede – etwas von der Weisheit zu erkennen, die nur mit gelebten Lebensjahrzehnten wachsen kann. Mag sein, dass der Jüngere diese Weisheit nicht immer erkennt – das heißt nicht, dass sie nicht vorhanden ist. Ebendas macht die Ehrerbietung aus: für möglich zu halten, dass ich als Jüngere etwas nicht wahrnehmen kann, weil mir eine bestimmte Lebenserfahrung schlicht noch oder überhaupt fehlt, die es mir ermöglichen würde, die Älteren wirklich zu verstehen. Nein, ich muss nicht alles verstehen, muss auch nicht alles, was mir ein Älterer, eine Jüngere sagt, zu meiner eigenen Handlungsweise werden lassen. Aber ich kann – und nach Benedikt soll ich es auch – dieses Gesagte achten als einen Ausdruck von Lebenserfahrung, die um ihrer selbst willen wertvoll ist und deren Wert sich mir vielleicht erst viel später erschließt.

Jemanden zu ehren ist das Gegenteil von Verachtung. Die größte Versuchung junger Menschen im Umgang mit Älteren ist vielleicht, sie zu verachten, nicht ernst zu nehmen, sie für dümmer und unfähiger zu halten als sich selbst. Vielleicht muss das bis zu einem gewissen Grade auch so sein; viele Fehler müssen wir einfach selbst machen, um wirklich zu verstehen, was uns hilft im Leben und was uns schadet. Aber Verachtung hat etwas Bösartiges und Zersetzendes, das die Seele eines anderen Menschen verletzt und verkleinert – und letztlich wohl auch die eigene, sobald ich auch in mir eine Schwäche entdecke.

Die Ehrfurcht – und hier sind die Begriffe nun zusammengefügt, die auch zusammengehören – vor Älteren kann mir helfen, genau davor bewahrt zu werden: vor der Annahme, dass nur schnelle, erfolgreiche, faltenfreie und technologisch versierte Jugendlichkeit einen Wert in dieser Welt hat. Ganze Industrien leben von dieser gefährlichen Verkürzung der Verheißung, die auf unserem Leben liegt. In den Älteren das Leben und die Gnade eines gelebten und bestandenen Lebens zu entdecken und zu ehren kann die Jüngeren von dem extremen Terror einer Hochleistungsgesellschaft wie der unseren befreien, jedenfalls im Inneren.

Vor kurzem besuchte ich gemeinsam mit meiner Freundin ihre Mutter in einem Altenheim. Die alten Menschen, die wir antrafen, waren größtenteils still, in sich gekehrt, nahmen nur noch wenig an dem Gespräch teil, wie wir es zu führen gewöhnt sind: schnell, wortreich, flink assoziierend, nicht immer ganz ernst. Diese alten Menschen, vor allem aber die Mutter meiner Freundin, sprachen viel mehr mit den Augen. Wir konnten nicht mit Bestimmtheit sagen, ob sie uns erkannte, so wie wir einander sofort erkennen: Name, familiäre oder freundschaftliche Zugehörigkeit und Zuordnung, auch Einordnung nach Sympathie oder nicht. Die alte Frau schaute uns an, als sähe sie uns ganz neu – offen, manchmal wie fragend, dann ganz ruhig, manchmal wie leise lächelnd. Selten habe ich so anhaltend und intensiv einen Blick auf mir gespürt. Es war, so schien es, nicht so wichtig, wie ich heiße, warum ich da bin und wie lange ich bleibe. In diesen Blicken lag nichts als Gegenwart. Jetzt, hier schaue ich dich an und erwidere deinen Blick, jetzt und hier findet Begegnung statt, wenn auch in einer Weise, die sich meinem Verstand nicht sofort erschließt, wohl aber meinem Herzen: Ich fühlte mich dieser alten Frau nahe, sehr nahe – und viel näher, als wenn wir reichlich Worte gewechselt und damit vielleicht den Abstand zwischen uns nur immer mehr vergrößert hätten.

Nachdem wir das Altenheim verlassen hatten, spürte ich diesen Blick noch lange auf mir und bemerkte, wie ich, zumindest in den ersten Stunden nach dem Besuch, sehr viel ruhiger wurde. Es hatte alles etwas mehr Zeit, weil im Blick dieser alten Frau ein bisschen Ewigkeit aufleuchtete. Dafür bin ich ihr dankbar. Was ich ihr entgegenbrachte in diesen wirklichen Augenblicken, war tatsächlich Ehrerbietung – ich ehrte in ihr, in ihrem Blick eine Erfahrung, ein Wissen, das wenig mit Verstehen, aber viel mit Wahrheit zu tun hat, einer Wahrheit, in die wir wohl erst sehr langsam im Laufe von Jahrzehnten hineinwachsen durch

Freude und Schmerzen hindurch, geformt durch Schuld und Scheitern und das Erleben, das hinter allem und am Ende nichts ist als Gegenwart und Liebe – die Liebe Gottes, die zudeckt und hinwegnimmt, was die Wahrheit Seiner Gegenwart verdunkeln will.

Aus dieser Erfahrung, die sich nach und nach öffnet, ist es dann wohl möglich, als Ältere die Jüngeren zu lieben – sie anzunehmen und ins Leben hineinzulieben, auch und gerade wenn sie uns (und ich schreibe hier bewusst „uns", weil auch ich nicht mehr ganz jung bin und also auch den Blick auf Jüngere kenne und erlebe) verletzen, übergehen, scheinbar missachten. Je älter wir werden, desto liebevoller kann ein Blick auf dieses „Ungestüm" und diese Unbedachtheit Jüngerer werden, denn allzu oft „wissen sie nicht, was sie tun". Wie sollten sie auch, da ihnen die Erfahrungen, über die wir als schon Ältere verfügen, noch fehlen.

Ein liebevoller Blick kann reifer machen, wenn ich ehrlich zu meinen eigenen Fehlern, meiner eigenen Schuld, meinen eigenen Versäumnissen stehe. So weiß ich heute, wie oft ich meine eigene Mutter verletzt habe – durch meine unbedingt verteidigte Autonomie (welch ein Irrtum – es war ja keine Autonomie, sondern nur eine Abhängigkeit von anderen Gesetzen und „Gesetzgebern"). Ich habe sie verletzt, weil ich sie manchmal auch verletzen wollte, mich „rächen" wollte, wenn sie mich nach meinem Empfinden bevormundete und einengte, wenn sie mir ihre eigenen ungelösten Lebensprobleme weitergeben wollte. Dabei geht es gar nicht um die Frage, wer da objektiv „recht hat" oder nicht. Es geht um die Art des Umgangs miteinander. Wenn ich heute selbst oder im Begleiten anderer erfahre, wie hart Jüngere mit unseren Lebenserfahrungen,

Hinweisen oder Angewohnheiten umgehen, dann erkenne ich mich oft darin wieder. Und mein Blick wird barmherziger, liebevoller.

Die Aufforderung also, die „Jüngeren zu lieben“, ist zugleich auch ein Aufruf zur Wahrhaftigkeit: Erinnere dich an deine eigenen Jugendsünden, bekenne dich zu alldem, was du selbst falsch gemacht hast in deinem Leben (und die eigenen Eltern sind längst nicht für alles verantwortlich zu machen!), und dann lerne zu verzeihen – dir selbst und den anderen. Dann lerne auch, zu leiden – so zu leiden, wie die Älteren auch an dir gelitten haben. Möglicherweise ist es gerade dieses ehrlich ertragene Leiden und Mitleiden, dass die Liebe überhaupt nur wachsen lässt – eine Liebe, die wirklich den Anderen und die Andere meint und nicht nur meine eigenen Pläne, die ich für andere habe. In dieser Liebe wächst Freiheit, eine Freiheit, die Leben voller Barmherzigkeit und Liebe ermöglicht, die den anderen das eigene Wissen, die eigene Erfahrung anbietet, aber nicht aufdrängt; eine Freiheit, die nicht beleidigt ist, wenn die Andere sich anders entscheidet, als ich es getan hätte, weil ich mich in einer ganz anderen Liebe und einer viel weiteren Freiheit gründe, in der Freiheit der Geliebten Gottes, der die Älteren wie die Jüngeren umfängt und führt.

Wie aber ist es mit der Liebe zwischen Geschwistern? Der Altersabstand ist in aller Regel nicht so groß, dass wirkliche andere Erfahrungswelten trennend oder als besonders interessant aufeinander anziehend wirken. Auch wenn Geschwister oft in unterschiedlichen Freundeskreisen, Interessengruppen, Schulsystemen und Wertvorstellungen angesiedelt sind – oft sogar eben deshalb, damit sie sich nicht zu nahe sind, sondern eigene Räume erobern und „besetzen“ können, ohne gleich alles teilen zu müssen

–, trotz dieser Differenzen also ist das Wissen um den gemeinsamen Ursprung viel wichtiger für die Beziehung. Und nicht immer führt dieses Wissen dazu, dass die Geschwister einander in liebevoller Zuneigung verbunden sind. Die großen, schönen Märchengeschwister: Hänsel und Gretel, das Geschwisterpaar, das sich gegen die Schneekönigin behaupten muss, Brüderchen und Schwesterchen, die Schwester und die Brüder im Märchen „Die sieben Raben“ haben manches gemeinsam: Sie sind in Liebe verbunden und sie sind angesichts einer realen Lebensbedrohung aufeinander angewiesen – nur so können sie überleben. Darin spiegeln die Märchen eine sicher von vielen geteilte Erfahrung: In Augenblicken großer Gefahr hält die Familie, halten auch die Geschwister zusammen und stehen füreinander ein. Wenn aber die Gefahr vorüber ist, fällt nicht selten wieder auseinander, was so eng verbunden schien und auf biologischer Ebene auch unauflösbar verbunden bleibt.

Vielleicht ist es gerade diese letztlich nicht aufzulösende Verbindung, die sich nicht selten in Konkurrenz, Neid, Ablehnung, ja sogar Hass äußert; dieses Wissen, dem Geschwisterkind letztlich an keinem Ort der Welt entfliehen zu können, sie oder ihn doch immer „bei sich“, ja geradezu „in sich“ zu haben durch gemeinsames Blut, gemeinsame Geschichte, gemeinsame Eltern. Gerade diese Unausweichlichkeit kann Geschwisterbeziehungen in wirkliche Abgründe menschlicher Schuld und menschlichen Versagens reißen.

Die Bibel hat – im Gegensatz zu vielen Märchen – einen sehr realistischen Blick auf Geschwisterbeziehungen. Das bekannteste Geschwisterpaar, das es im „Menschheitswissen“ gibt, ist das erste Geschwisterpaar, von dem überhaupt die Rede ist: Kain und Abel. Diese Geschichte ist in ihren Motiven, ihrem Klang, ihrer Gefährlichkeit und der darin trotz allem enthaltenen Hoffnung so gültig und so wahr, dass sie hier zitiert und danach betrachtet werden soll:

Und Adam erkannte sein Weib Eva, und sie ward schwanger und gebar den Kain und sprach: Ich habe einen Mann gewonnen mit dem HERRN. Danach gebar sie Abel, seinen Bruder. Und Abel wurde ein Schäfer; Kain aber wurde ein Ackermann. Es begab sich nach etlicher Zeit, dass Kain dem HERRN Opfer brachte von den Früchten des Feldes; und Abel brachte auch von den Erstlingen seiner Herde und von ihrem Fett. Und der HERR sah gnädig an Abel und sein Opfer; aber Kain und sein Opfer sah er nicht gnädig an. Da ergrimmte Kain sehr und senkte finster seinen Blick. Da sprach der HERR zu Kain: Warum ergrimmst du? Und warum senkst du deinen Blick? Ist's nicht also? Wenn du fromm bist, so kannst du frei den Blick erheben. Bist du aber nicht fromm, so lauert die Sünde vor der Tür, und nach dir hat sie Verlangen; du aber herrsche über sie. Da sprach Kain mit seinem Bruder Abel: Lass uns aufs Feld gehen. Und es begab sich, als sie auf dem Felde waren, erhob sich Kain wider seinen Bruder Abel und schlug ihn tot. Da sprach der HERR zu Kain: Wo ist dein Bruder Abel? Er sprach: Ich weiß nicht; soll ich meines Bruders Hüter sein? Er aber sprach: Was hast du getan? Die Stimme des Bluts deines Bruders schreit zu mir von der Erde. Und nun: Verflucht seist du auf der Erde, die ihr Maul hat aufgetan und deines Bruders Blut von deinen Händen empfangen. Wenn du den Acker bauen wirst, soll er dir hinfort seinen Ertrag nicht geben. Unstet und flüchtig sollst du sein auf Erden. Kain aber sprach zu dem HERRN: *Meine Strafe ist zu schwer, als das ich sie tragen könnte. Siehe, du treibst mich heute vom Acker, und ich muss mich vor deinem Angesicht verbergen und muss unstet und flüchtig sein auf Erden. So wird mir's gehen, dass mich totschlägt, wer mich findet. Aber der* HERR *sprach zu ihm: Nein; sondern wer Kain totschlägt, das soll siebenfältig gerächt werden. Und der* HERR *machte ein Zeichen an Kain, dass ihn niemand erschlüge, wer ihn fände. Also ging Kain von dem Angesicht des* HERRN *und wohnte im Lande Nod, jenseits von Eden, gegen Osten.*

(1 Mose 4,1–16)

Die Geschichte ist ebenso schrecklich wie vertraut. Sie ist schrecklich, weil das, was da geschieht, niemals geschehen darf. Sie ist so vertraut, weil das, was da geschieht, andauernd geschieht und nicht nur bei den anderen, sondern insbesondere auch in meinem eigenen Leben. Manchen anderen mag es ähnlich gehen.

Wie oft schon habe ich meinen Bruder, meine Schwester im Geiste – wenn nicht erschlagen, so doch ihm oder ihr Schlechtes gewünscht? Das war sicher unreflektiert, geschah gewiss im Affekt. Wäre es zu einer Tat gekommen, dann wären die Folgen dennoch in jedem Fall sehr real gewesen, aus welchen Gründen auch immer diese Tat begangen wurde. Durch reine Gnade war ich bisher nicht in der Situation, den „Bruder- oder Schwestermord" real zu vollziehen.

Ich halte das wirklich für eine Gnade, keineswegs für mein eigenes Verdienst. Es ist reines Geschenk, dass ich in einer Umgebung aufgewachsen bin und sozialisiert wurde, die physische Gewalt als etwas Verwerfliches ansieht – insofern ist meine innere Hemmschwelle sehr hoch. Außerdem bin ich auch noch ängstlich, das heißt, bevor ich jemandem körperliche Gewalt antun könnte, müsste ich die Angst vor dem Gegenangriff überwinden, und diese Angst ist recht groß.

Erziehung und körperliche Ausstattung zwingen mich, eher den diplomatischen Weg zu beschreiten oder – auch nicht selten – die Vermeidung zu wählen. Ich bin eine von denen, die Konflikten ganz gern aus dem Weg geht, jedenfalls wenn es meine eigenen Belange betrifft. Dennoch bin ich keineswegs frei von den Motiven, die Kain zu seiner Tat verleiteten: Neid, Eifersucht und das Gefühl, übersehen zu werden. Ich neige auch zum Zorn (das ist kein Widerspruch zur Ängstlichkeit – der Zorn äußert sich eben anders!), kann mich sehr aufregen über wirkliche oder vermeintliche Ungerechtigkeiten – und ist es denn nicht ungerecht, dass Gott das Opfer Abels annimmt, Kains Opfer aber nicht? Mit keiner Silbe wird ja begründet, warum Gott das eine Opfer annimmt, das andere aber nicht! Nein, das bleibt nach menschlichem Ermessen ungerecht und kann nur als Ausdruck der absoluten Souveränität Gottes verstanden werden.

Der Zorn bleibt, der Neid, die Eifersucht – und die Angst, nicht gut genug zu sein. Und genau wie in den anderen Urgeschichten in der Bibel geht es wohl auch um ebendiese Regungen. Es geht um die urmenschlichen Gefühle, Verhaltensmuster, Phänomene und den Versuch, mit diesen Phänomenen umzugehen, und hier speziell um den Neid, die Eifersucht zwischen Geschwistern.

Ob es einen historischen Kain und einen historischen Abel wirklich gegeben hat, scheint mir weniger wichtig als die Feststellung, dass sie wohl in jedem, aber auch jedem

Menschen als Gefühls- und Verhaltenspotential angelegt sind. Es gibt, so glaube ich, keinen Menschen, der nicht Abel ist und nicht wie Kain handeln *könnte*. Und wenn wir uns die Geschichte und die Gegenwart anschauen, dann brauchen wir nicht lange zu suchen. Auch im eigenen Leben werden wir vermutlich recht bald beide Seiten entdecken.

So interessiert mich an diesem Text eigentlich vor allem die Frage, wie denn nun mit der auch mir innewohnenden Möglichkeit zum Brudermord, zum Geschwistermord, zum Schöpfungsmord und damit immer auch zum Selbstmord umgegangen werden kann. Es ist unbedingt lohnend, sich die im Text enthaltene Gottesrede in diesem Zusammenhang genauer anzuschauen.

Kain nimmt also wahr, dass sein Opfer nicht gnädig angenommen wird. Daraufhin ergrimmt er und senkt finster den Blick. Das ist eine vertraute Geste. Wenn ich mich aus der Welt, aus dem Kontakt zu den anderen zurückziehe, breche ich als Erstes den Blickkontakt ab. Einem Menschen, den ich direkt ansehe, kann ich viel schwerer Böses antun oder auch nur wünschen, als wenn ich den Blickkontakt abbreche und mich stattdessen meinen Phantasien, meinen eigenen Vorstellungen von diesem Menschen überlasse.

An dieser Stelle also schaltet sich die Stimme Gottes ein – und damit macht der Erzähler deutlich, dass es jetzt bedrohlich wird, dass der Konflikt zu eskalieren droht.

Und ER, Gott, benennt das Verhalten: „Warum ergrimmst du? Und warum senkst du den Blick?"

Wie hören wir diese Frage? Schon als Vorwurf? Oder als echte Informationsfrage? Vielleicht wäre es tatsächlich ein Chance, an dieser Stelle auszusteigen aus der

Introvertiertheit, dieser Verkrümmung nach innen, und nach einer ehrlichen Antwort zu suchen.

Martin Luther beschreibt die Situation des Menschen, der sich von Gott abwendet, als „homo incurvus in se" – eben als einen nach innen verkrümmten Menschen. Das ist das, was dann etwas abstrakt als „Sünde" bezeichnet wird. Nicht erst eine bestimmte Tat ist Sünde, sondern die Haltung, in der ich eine Tat begehe – eben als „nach innen verkrümmter Mensch". Die meisten Taten werden unmöglich, wenn ich zuvor meinen Blick wirklich erheben und den anderen und das Antlitz Gottes anschauen würde – und mich selbst von ihm, – dem anderen Menschen, und IHM, Gott, anschauen ließe.

Aber nun zurück. Die Frage steht im Raum: Warum ergrimmst du, Kain? Du Bruder, du Schwester? Du Mensch? Ja, warum ergrimme ich denn? Vielleicht, weil mir der Kleine immer schon vorgezogen wurde und es mir jetzt wirklich reicht? Es ist ja bezeichnend, wie Kain zu seinem Namen kommt: Mutter Eva sagt in Vers 1 des Kapitels: „Ich habe *einen Mann* gewonnen mit Hilfe des Herrn." Ja, darf denn dieser Mann nicht erst einmal Kind sein, ein kleiner Junge? Musste er vielleicht allzu früh an Vaters Stelle treten, während der Kleine der verwöhnte Nachzügler war?

Der Kleine heißt „Abel" – auf Deutsch: „Hauch, Wind". Ein ganz flüchtiges Ereignis vielleicht, einer, den man kaum in die Verantwortung nehmen kann, der noch spielt wie ein leichter Wind über der Wiese.

Vielleicht reicht es dem zu früh zum Mann gewordenen Kain, immer nur den kleinen Bruder so unbeschwert spielen zu sehen? War das der tiefere Grund für seinen Zorn? War die Zurückweisung des Opfers nur noch der letzte Tropfen, der das Fass zum Überlaufen brachte? Wir wissen es nicht, aber es ist eine Möglichkeit, die Warum-Frage ernst zu nehmen. Warum geht es mir gerade so, wie es mir geht? Warum scheitern gerade die Beziehungen zu meinen Geschwistern immer wieder an derselben Frage, in derselben Situation, an derselben Formulierung? „Immer wenn er das sagt, raste ich aus." Oder: „Immer wenn sie diesen Gesichtsausdruck hat, könnte ich zuschlagen." Oder: „Wenn wir uns treffen, ist sie eigentlich ganz nett, aber sobald Mutter dabei ist, verwandelt sie sich in ein gemeines Biest." So beschreiben Menschen im geschützten Raum der Seelsorge ihre manchmal von Hass und Ablehnung belasteten Geschwisterbeziehungen.

Sich dieser Warum-Frage zu stellen kann helfen, sich – und andere – vor einer Handlung im Affekt zu bewahren und möglicherweise ganz andere Zusammenhänge zu entdecken, die meinem Handeln und meinen Gefühlen zugrunde liegen – und die dann auch andere Möglichkeiten zu reagieren sinnvoll machen.

Das ist eine ziemlich praktische Anleitung zum Umgang mit eigenen, zumal verworrenen Gefühlen. Zumindest bekomme ich auf diese Weise eine kleine Atempause, halte noch einmal kurz inne – und muss nicht im Affekt zuschlagen, sei es mit Fäusten oder mit Worten.

Leider gibt Kain in unserem Text keine Antwort, und so bietet Gott ihm eine Antwort an:

> *„Ist's nicht also? Wenn du fromm bist, kannst du frei den Blick erheben. Bist du aber nicht fromm, lauert die Sünde vor der Tür und nach dir hat sie Verlangen. Du aber herrsche über sie."*

Wenn du fromm bist ... Was ist das für ein Wort? Der Originaltext kann auch übersetzt werden mit: „Wenn du Gutes meinst“. Das ist nun interessant. Auch hier geht es nicht um die Tat selbst, sondern um die Absicht, in der ich die Tat begehe. Und es wird vorausgesetzt, dass ich weiß, was Gut und Böse sind. Denn das hatten Adam und Eva ja unter dem Baum gelernt, das war ja der Grund, weshalb sie dieses heilige Unschuldsland, dieses Land der Unwissenheit, verlassen mussten.

Auch wir wissen im Allgemeinen schon, was uns und den anderen guttut und was nicht. Ebendeshalb senken wir ja den Blick, wenn wir dieses Wissen missachten und tun, was wir eigentlich nicht tun wollen. Diese kurze Gottesrede zeugt von einer sehr feinen Beobachtungsgabe. Noch dramatischer ist allerdings der zweite Teil:

> *„Bist du aber nicht fromm, lauert die Sünde vor der Tür und nach dir hat sie Verlangen. Du aber herrsche über sie.“*

Was für ein Zutrauen! Gott – so sehen es jedenfalls die Autoren dieses Textes –, Gott traut uns tatsächlich zu, über diesen Ungeist, der uns verführt, zu tun, was wir zutiefst nicht wollen, zu herrschen!

Ich merke, dass ich darauf etwas geteilt reagiere. Einerseits freut es mich. Ich freue mich immer, wenn mir jemand etwas zutraut! Das spornt mich an, beflügelt mich, verleiht mir ein Zutrauen, das ich mir selbst manchmal nicht geben kann. Andererseits weiß ich, dass ich es nie wirklich rechtfertigen kann. Es wird ihn immer geben, diesen kleinen Augenblick, wo die Lust oder der Zorn oder die Angst größer ist als das noch so starke Vertrauen, und ich werde schuldig werden. Ich werde mich wieder und wieder in mich selbst verkrümmen und eben nicht Gutes meinen, sondern Böses. Und werde meiner Schwester, meinem Bruder genau dieses Böse an den Hals wünschen. Wer schützt mich dann vor mir selbst? Wer schützt die anderen vor mir? Wer schafft dann wieder Frieden in meinem Herzen? Und Frieden mit meinen Nächsten?

Beim Nachsinnen über diese Fragen begann ich mit mir selbst zu ringen, gar nicht viel anders als Kain. Nein, Gott, das ist mir zu schwer. Ich kann nicht nur nicht die Strafe für meine Verfehlungen tragen, ich kann auch die Last der Verantwortung nicht selbst tragen! Diese „Sünde", die da vor meiner Tür lauert, der Ungeist, dieser Wille zum Bösen, der ganz an meinem Verstandeswollen vorbeigeht, und die Verzweiflung, die sich sammelt nach allzu vielen Zurückweisungen, kann ich nicht allein tragen. Dann kannst Du mich auch gleich auslöschen. So hat Kain gedacht und ich verstehe ihn.

Ich war mir nicht sicher, wie ich aus dieser gedanklichen Sackgasse herauskomme. Zufällig – wie manche Dinge einem eben zufallen – nahm ich kürzlich an der Führung durch die sehr schöne Predigerkirche in Erfurt teil. Durch ihre einzelnen Bauphasen ist das Kirchenschiff in zwei deutlich voneinander getrennte Bereiche geteilt, die mit einem kleinen Spitzbogentor verbunden sind. Der hintere ursprüngliche Chorraum ist kleiner, auch älter als das große Kirchenschiff. Und genau über dem kleinen Tor, das die beiden Räume verbindet, ist ein Christuskopf als Schlussstein eingefügt. Als würde Er selbst, der Sohn Gottes, über der Tür wachen und darauf achten, dass nichts Unrechtes die Schwelle überschreitet. Vermutlich haben die Erbauer eher an den Vers aus dem Buch des Propheten Sacharja gedacht (4,7):

Serubbabel [der sehr geförderte Statthalter Judas zur Zeit des Perserkönigs Kyros] wird hervorholen den Schlussstein [für den Tempel], dass man rufen wird: Glück zu, Glück zu!

Oder natürlich an das vielzitierte Wort vom Eckstein, den die Bauleute verworfen haben (Psalm 118, Matthäus 21, Markus 12, Lukas 20 u.a.), bis hin zum Epheserbrief 2,20:

So seid ihr nun nicht mehr Gäste und Fremdlinge, sondern Mitbürger der Heiligen und Gottes Hausgenossen, erbaut auf den Grund der Apostel und Propheten, da Jesus Christus der Eckstein ist.

Nun also, als ich da stand und diese gelungene architektonische Umsetzung des „Eck- oder Schlusssteins" sah, fiel mir wieder das Wort ein: „Die Sünde lauert vor der Tür, du aber herrsche über sie." Und mir fiel mein Unvermögen ein. Wer also hilft mir beim Hüten der Schwelle? Wer wirft sich dem Ungeist entgegen, wenn ich zu schwach bin, weil eben doch und immer wieder einfach nur ein Mensch, wenn auch ein Mensch voller Sehnsucht und mit viel gutem Willen?

Nur Gott selbst kann mir helfen. Allein Gott, der in Christus Mensch geworden ist und unsere Schwachheit geteilt und mit ihr mitgelitten hat, kann mir beistehen in diesem von vornherein aussichtslosen Kampf, alles allein bewältigen zu wollen. Er vertritt mich in diesem aussichtslosen Kampf, alle und alles aus eigener Kraft lieben zu wollen – sogar meine Menschengeschwister, und gerade dann, wenn sie mir Übles antun.

Hier fügt es sich dann zusammen – Gott wurde Mensch, ja mehr noch: Er wird zum Hüter meiner eigenen Schwelle, damit ich frei und erlöst bin von allen Ansprüchen und Selbstvorwürfen, wenn ich wieder einmal den Blick gesenkt habe. Noch bevor ich merke, dass ich mich in Bilder, Phantasien und Ängste verstrickt habe, ist er schon da, wird Er selbst die Tür (Johannes 10,7). Er selbst hütet mein Herz, das ich nicht zu schützen vermag.

Ich gebe zu, dass es mir gar nicht so leichtfiel, das zu akzeptieren. Ich bin lieber allein verantwortlich, und Abhängigkeiten jeglicher Art scheue ich eher. Aber als ich merkte, dass es ja nur so gehen kann, dass ich zuinnerst und zutiefst an diesem Gott hänge und mich in jeder Minute aus Seiner Güte neu empfange – da erfüllte mich eine sehr große Freude, ein Friede, wie ihn nur Er selbst, Gott, in Christus schenken kann.

Ob dies das Kainszeichen ist, diese Freude, von ihm in allem und trotz allem geliebt zu sein? Ebenso wie meine Schwester, mein Bruder? Trotz allem geliebt? Ja, trotz allem geliebt. Und zur Liebe befreit, auch befreit, meine Geschwister zu lieben in der Liebe Jesu Christi, die viel größer ist, als es meine je sein könnte. „Denn das ist mein Gebot, dass ihr euch untereinander liebt, wie ich euch liebe."

(Johannes 15,12)

Feinde lieben?

Immer wieder diese Sehnsucht nach Weite: dieses Verlangen, schmerzhaft zuweilen, nach einem oder einer, die befreit aus der Enge des eigenen Selbst, aus dem Kerker der eigenen Befindlichkeit, aus dem Gefängnis vorgefertigter Meinungen, erdrückender Bilder, Regeln und Normen, die wie ein viel zu eng geschnürtes Korsett den eigenen Atem abschneiden. Immer wieder diese Sehnsucht nach Fliegen, nach einem Adlerflug in die Sonne, in der sich ein Land auftun möge voller Freiheit und Leichtigkeit und Leben. Immer wieder diese Sehnsucht nach Frieden – in der Welt, in mir selbst.

Immer wieder diese Sehnsucht nach bedingungsloser und einfacher Liebe, die den und die anderen nicht beschneidet, nicht verformt, nicht verunglimpft und beraubt, nicht tötet an Leib, Seele und Geist, sondern ihn und sie erkennt als Ort und Geschenk der Liebe selbst, mir zugesellt als heitere Gefährtin, als verlässlicher Freund in diesem Leben. Immer wieder diese Sehnsucht, die doch so unerfüllbar scheint, weil sie als konkrete Wegweisung immer wieder so missachtet wird – vor allem von mir selbst.

Als junges Mädchen schon suchte ich nach Menschen, die diese Sehnsucht teilen, sie in einer Weise leben konnten, wie es mir nicht möglich war – nicht so sehr, weil mich jemand daran gehindert hätte, sondern weil ich mich selbst nicht aus dem Gefängnis meiner Ego-Welt entlassen konnte. Letztlich drehte (und dreht!) sich doch alles wieder um mich: Die oder der hat mich verletzt, die ist nett zu mir, das habe ich gut gemacht, hier bin ich gescheitert. Das ist mir zu gefährlich, das tut mir gut, und überhaupt: Was habe ich davon? Immer wieder ich, ich, ich, unendlich das eigene aufgeblähte Ego. Gibt es Menschen die aus diesem Kerker befreit werden oder gar: andere daraus befreien können?

Zwei Gestalten, die mein jugendliches Suchen begleitet haben, sind mir bis heute nah und im Herzen: zuerst die Große Seele und dann der Gottessohn – Mahatma Gandhi und Jesus Christus. Kinofilme haben mir diese beiden Gestalten nahegebracht, so wie es üblich war schon in meiner Jugend.

Gandhi: Der kleine Mann mit diesen himmelsweiten und menschenliebenden Augen. Dieser kleine, so schwache Mann mit der Stärke Gottes, mit einer Kraft, die nur aus Liebe und immer wieder Liebe, aus der Liebe selbst kommen kann. Gandhi, der lächelnd auf die Menschen zugeht, die ihn im nächsten Augenblick erschießen werden. Die Große Seele, die ihre Feinde liebt.

Und Jesus Christus, ganz jugendlich interpretiert im Hippie-Musical Jesus Christ Superstar. Mindestens zehn Mal habe ich dieses verfilmte Musical gesehen mit Ted Neeley in der Hauptrolle, jedes einzelne Lied konnte ich auswendig. Dann bekam ich den Film als Video und noch später als DVD geschenkt, sah ihn weitere zehn oder zwanzig Mal. Meinen biblischen Grundwortschatz beherrschte ich eher in englischer Sprache als auf Deutsch, weil die Lieder englisch gesungen wurden. Und immer wieder diese unfassbare Szene im nächtlichen Garten, in der Jesus dem Judas, der ihn im nächsten Augenblick verraten wird, nachgeht und ihm, der ihn gerade tödlich beleidigt hat, einen Umhang hinhält gegen die Nachtkühle: der Gottessohn, der im Feind dem Freund treu bleibt. *Father, forgive them, they don't know, what they are doing,* flüstert sterbend der englisch sprechende Jesus am Kreuz. Vater, vergib ihnen, sie wissen nicht, was sie tun.

Woher nehmen sie diese Kraft, die großen Seelen und Gotteskinder, die in der Nachfolge Gandhis und Jesu Christi oder ganz einfach aus eigener Überzeugung oder eigener Liebe wagen, Feinde zu lieben und der Gewalt zu widerstehen – jeder Form verbaler Gewalt, erst recht jeder physischen? Wer hat ihnen diese Weite eröffnet, die so ganz anders ist als die Enge, deren Mauern aus Angst und Feigheit aufgetürmt sind – eine Enge, die mich zwar an der Gewaltausübung hindert, aber keineswegs aus Liebe, sondern eben aus Angst vor der Vergeltung? Beide, Jesus Christus und Mahatma Gandhi, haben aus Quellen gelebt, die übersprudeln von einer Weisheit weit über Menschenverstand und Menschenvermögen hinaus.

Gandhi studierte und lebte die Schriften des Hinduismus und Jainismus, in denen immer wieder die absolute Gewaltlosigkeit gegen jedes belebte Wesen gelehrt wird – und im Universum gibt es kein unbelebtes Wesen. Denn, so die einfache und so schwer zu erfassende Erkenntnis, jedes Lebewesen, ob jetzt oder in einer anderen Zeit lebend, ist mit jedem verbunden in einem universalen Zusammenhang – also wie ein großer Organismus. Jede Gewalt, einem anderen angetan, bedeutet also auch Gewalt an der eigenen Lebensgestalt. Und Selbstverletzung, auch wenn sie in unserer Gesellschaft und Zeit fast zur „Normalität" geworden ist, ist gleichwohl ein Zeichen von Krankheit und Unfrieden in der eigenen Seele, keineswegs von Frieden und Gotteskraft.

Gandhi leitete aus dem Gebot der *Ahimsa,* also der Gewaltfreiheit gegenüber allen Lebewesen, auch die Gewaltfreiheit gegenüber und die Liebe zu den Feinden ab. In seinem Konzept der *Satyagraha* verband er das aktive Festhalten an der Wahrheit (Sanskrit: *satyam*) mit dem bewussten Auf-sich-Nehmen von gewaltsam zugefügtem Leid bis hin zum Selbstopfer. Diese Haltung ermöglichte ihm eine aktives und zugleich geduldiges Vorgehen gegen jede Form von Fremdbestimmung durch die Kolonialmächte, aber auch durch radikale Gruppen in Indien. Gerade diese Haltung der aktiven Gewaltfreiheit überwand schließlich die britische Kolonialherrschaft in Indien, auch oder gerade weil Gandhi sie bis zu seinem eigenen Tod vorgelebt hat. In dieser Praxis der Feindesliebe und der Gewaltlosigkeit war Gandhi der Lehre und Lebenspraxis Jesu Christi, den er sehr verehrte, ganz nah.

Jesus von Nazareth, gebürtiger und gläubiger Jude, weiß von dem Gebot der Feindesliebe aus den Schriften der Thora und der ganzen Schrift. Er fasst das zuvor schon Beschriebene bündig zusammen:

> *Liebet eure Feinde, segnet, die euch verfluchen, tut Gutes denen, die euch hassen, bittet für die, die euch beleidigen und verfolgen: So werdet ihr Kinder eures Vaters im Himmel sein.*
>
> (Matthäus 5,43–45)

Auch hier fällt die aktive Formulierung auf: Liebet. Segnet. Tut. Nichts von „seid still“, „wehrt euch nicht“, „findet am besten auch noch gut, was eure Feinde (euch) antun“. Keine Rede von unterwürfiger Opfermentalität oder devotem Anpassertum – sondern ein sehr kreatives und im Geist der Liebe wirkendes Ausschöpfen der Möglichkeiten, die einem Menschen auch noch in größter Bedrängnis und absoluter äußerer Unfreiheit möglich sind – lieben, segnen, beten, Gutes tun, und sei es mit guten, lebensfördernden Gedanken.

Dies ist möglich, sofern die Bedrängnis, die Unfreiheit, die Bedrohung eben äußerlich sind. Es ist dem möglich, der sich in der bedrängtesten und gefährlichsten Einschränkung, in Demütigung und Missachtung der eigenen Person, ja womöglich in Lebensgefahr die innere Freiheit bewahren kann – diese Freiheit, die ihn mit dem verbindet, der aus jeder, aber auch jeder Gefahr, Demütigung und Bedrohung nicht nur erretten kann, sondern schließlich erretten wird. Das Gebot, besser: die Ermutigung zur Feindesliebe leitet keineswegs zum bloßen Nachgeben an, sondern zur Überwindung der feindlichen Grenzen. Der jüdische Religionswissenschaftler Pinchas Lapide meint dazu:

> *Kann man diejenigen lieben, die uns hassen und uns Böses antun? Ist das nicht eine Illusion? Die Antwort auf diese berechtigten Fragen, die erst bei der Rückübersetzung ins Hebräische hervortritt, lautet klipp und klar: Hier wird weder Sympathie noch Sentimentalismus gefordert, und schon gar nicht eine Selbstverleugnung, denn weder Gefühle noch das Martyrium können befohlen werden. Wohl aber das Tun, eine der häufigsten Vokabeln im jesuanischen Sprachschatz. Und in der Tat steht im Gebot der Nächstenliebe ... nicht „liebe deinen Nächsten" im Akkusativ, sondern im Dativus ethicus ... der kaum auf Deutsch übersetzt werden, nur hinkend umschrieben werden kann: etwa wie ... „tu ihm Liebe an".*

Dieser Schritt vom Hass zur Feindesliebe ist der wichtigste: der eine Schritt heraus aus der Opferrolle, die sich selbst zur tatenlosen Ohmacht verurteilt, und hinein in eine Haltung, die mir auch bei äußerer Einschränkung oder wirklicher Fesselung die Fähigkeit zu handeln und damit zur aktiven Gestaltung meines Schicksals ermöglicht.

Feindeshass (einen Feind zu haben bedeutet immer, ihn zu hassen, es ist dasselbe Wort: „Feind“ ist abgeleitet vom althochdeutschen *fiant, vint* = Hass) ist immer reaktiv. Er reagiert auf Bilder, die mir eingeredet oder anerzogen werden, auf die Handlungen anderer, macht sich abhängig von der Erwartung, dass auf Gewalt notwendig Gegengewalt folgen muss, um eine scheinbare Freiheit zu bewahren.

Feindschaft ist fast immer auch eine Folge bewusst eingesetzter Manipulation – meistens gibt es irgendjemanden, der von dieser Feindschaft profitiert, sei es territorial oder wirtschaftlich oder mindestens psychisch. Im Krieg zwischen Völkern sind diese Mechanismen leicht zu beobachten – da werden Feindbilder in ganz großem Ausmaß installiert, damit dann genug Menschen bereit sind, sich in einem vermeintlich notwendigen Krieg gegen den vermeintlich so bedrohlichen Feind erschießen zu lassen. Sprache und Medien transportieren diese Feindbilder in oft sublimer und daher umso wirkungsvollerer Weise. Je mehr ich mich aber in diesen Kreislauf von Manipulation und Anpassung, von (erzeugter) Angst und vermeintlicher Abwehr durch (eigene) Gewalt hineinziehen lasse, desto mehr verliere ich die Würde, die mich als Mensch und Gotteskind selbstständig entscheiden und handeln lässt.

Die Feinde zu lieben heißt, sich frei zu entscheiden, hinter allen gesetzten Bildern und möglicherweise tatsächlich erlittenen Untaten beharrlich den Menschen zu sehen, der jeder Feind zuerst war und immer ist. Die

Feinde zu lieben bedeutet, mit diesen Menschen genauso umzugehen, wie ich selbst mir den Umgang der anderen mit mir wünsche – das ist die einfache Goldene Regel, die dem Menschen im Ersten und im Neuen Testament als wichtigste Unterweisung zum Leben an die Hand gegeben und ins Herz gelegt wird.

Die Feinde so zu lieben, dass sie leben dürfen, wie ich leben möchte, bedeutet, ungeachtet äußerer Vorstellungen und Lehrmeinungen und auch ungeachtet innerer Ängste und Prägungen den Frieden Gottes in dieser Welt zu beheimaten, und sei es für Sekunden, und sei es für einen Wimpernschlag nur – diesen Friedensaugenblick kann nichts und niemand mehr tilgen, er ist hier und jetzt und für immer Realitität.

In diesem winzigen Augenblick des Friedens beginnt der Adlerflug in die Sonne und in ein Land voller Freiheit und Leben.

Und wie nun ganz praktisch? Die einfachste und so gar nicht leichte Antwort gibt Jesus in seiner Bergpredigt, die bis heute die wesentliche und wichtigste Handlungsanleitung für ein Leben in Frieden und in der Liebe Gottes ist. Ihre höchste Verdichtung findet die Bergpredigt in Seligpreisungen, wie sie bei Matthäus im 5. Kapitel zu lesen sind:

Als Jesus aber das Volk sah, ging er auf einen Berg und setzte sich, und seine Jünger traten zu ihm. Und er tat seinen Mund auf, lehrte sie und sprach:
Selig sind, die da geistlich arm sind; denn ihrer ist das Himmelreich.
Selig sind, die da Leid tragen; denn sie sollen getröstet werden.

Selig sind die Sanftmütigen; denn sie werden das Erdreich besitzen.
Selig sind, die da hungert und dürstet nach der Gerechtigkeit; denn sie sollen satt werden.
Selig sind die Barmherzigen; denn sie werden Barmherzigkeit erlangen.
Selig sind, die reinen Herzens sind; denn sie werden Gott schauen.
Selig sind die Friedfertigen; denn sie werden Gottes Kinder heißen.
Selig sind, die um der Gerechtigkeit willen verfolgt werden; denn ihrer ist das Himmelreich.

(Matthäus 5,1–10)

Pfarrerin Elfriede Teresa Begrich hat diese Worte ausgelegt, ich gebe ihre Predigt hier in großer Dankbarkeit und mit Staunen wieder: Auch in den Worten einer Predigt kann der Friede Gottes leuchten und Wirklichkeit werden für einen langen Augenblick und im Herzen derer, die sie hören.

„Und Er tat den Mund auf und lehrte seine Jünger und sprach. Selig sind die geistlich arm sind, denn ihrer ist das Himmelreich. Selig sind die Sanftmütigen, denn sie werden das Erdreich besitzen, selig sind die Barmherzigen, denn sie werden Barmherzigkeit erlangen, selig sind die Friedensstifter, denn sie werden Gottes Kinder heißen. Selig seid ihr, wenn euch die Menschen um meinetwillen schmähen und verfolgen.“
Diese Sätze sind keine Gebote! Sie sind Verheißungen. Und dennoch: Alles, was hier geschrieben steht, ist widerständig zum Betrieb der Welt. Und zu mir. Denn wenn

ich stehen lasse, was da steht, dann gehöre ich nicht in die Reihe derer, die hier selig gepriesen werden. Dann gehören nicht mir Seine Verheißungen. Ich habe nicht allen Besitz hinter mir gelassen und mich auf den Weg gemacht ohne Reisetasche, ohne Geld und Gehalt, ohne Schuhe und Talar und selbst ohne Stab, weil ich doch weiß, wer mein Stecken und Stab ist. Ich bin mit meinen Autofahrten und Flugreisen weit entfernt von den Sanften und Behutsamen, die die Erde bewahren, ich bin nicht am verhungern und verdursten, nicht elementar und auch nicht in einem verzehrenden Streben um Gerechtigkeit. Meine Barmherzigkeit kommt schnell an ihre Grenzen und meine Konfliktscheu ist alles andere als der Frieden, den zu stiften Jesus selig preist. Ich werde nicht verfolgt, weil ich das Rechte versuche oder weil ich Christin bin. Nein, ich gehöre nicht in die Reihe, die Jesus selig preist. Was geht mich der Text dann an? Übergeht Jesus mich mit Schweigen? – Schweigen! – „Still in dämmriger Luft ertönen geläutete Glocken." Aus solch erfülltem Schweigen heraus, wie Hölderlin das beschreibt, müssten wir die Worte der Schrift hören können. Wer das Schweigen nicht wahrnimmt, das die Glocke umgibt, vernimmt nicht ihren vollen Klang. Nun, da wir auf das Schweigen achten, werden wir gewahr: Mit Schweigen werden übergangen, die den Leidtragenden das Leid bringen, den Ohnmächtigen den fruchtbaren Boden rauben, den Schwestern und Brüdern die Gerechtigkeit versagen. Mit Schweigen die, die nur abspeisen, aber nicht speisen die Armen. Mit Schweigen übergangen sind, die mit den Worten die Inhalte verdrehen und Krieg Mission nennen und Rechtsprechung ohne Recht ausüben, mit Schweigen übergangen sind, die prophetische Stimmen zum Ersticken bringen. In diesem

Raum des Schweigens erkenne ich die gesprochenen Worte: In ihnen recken sich keine geballten Fäuste gen Himmel, es blitzen keine Messer auf. Was für ein Schweigen ist das? Die gesprochenen Worte sind eine reine ruhige Flamme. Ich gehöre nicht zu den Seliggepriesenen, aber ich darf die Flamme sehen. Im Hinschauen in diese reine und ruhige Flamme geht mir zweierlei auf: Ja, ich bin mittendrin in allen Verstrickungen und in Zwängen gefangen, mal mit längeren, mal mit kürzeren Bändern. Ja, ich habe keinen Mut, aufzubrechen nur auf Sein Wort hin, ich verwässere und relativiere Sein Wort. Das ist das eine, aber dann auch das andere, ich beginne zu fragen: Wann bin ich auf Barmherzigkeit angewiesen, wo habe ich sie erfahren? Wem verdanke ich den Frieden, in dem ich lebe? Welcher Mensch reinen Herzens hat an meine Seele gerührt? Still blicke ich in die Flamme und nun sehe ich: So wie sie brennt, verzehrt sie Hass und Gewalt, Verletzungen und Zorn. Vor meinen Augen geschieht mit diesem sanft brennenden Licht das Wunder: Die Finsternis wird zur Nahrung dem Licht. Ich gehöre zu denen, die Jesus hier mit seinem Schweigen übergeht und die im Lauschen auf dieses Schweigen erfahren: Du darfst zuhören, schau, du darfst sehen. Tritt heran und sieh still hin. Wie einst Mose: Zieh deine Schuhe von deinen Füßen, denn der Ort, darauf du stehst, ist heiliges Land. Hier ist heiliges Land, denn die Stunde der Seligpreisungen ist GOTTES Stunde: ER tröstet, Er wischt die Tränen ab, ich freue mich, dass Jesus euch selig preist, und ich bin Zeugin dessen, was ER tut.
Nun kann ein jeder hier mich am Ärmel ziehen und sagen: Wach auf! Du träumst. Nicht nötig. Ich weiß, das ist der alte Lärm, der alte neue Glanz, die alte Macht auf neue Schultern gelegt, der alte Wahnsinn vom ewigen

Wachstum, der alte Riss durch die Welt, nur tiefer. Ja, ich weiß, aber ich weiß auch, dass ich in die Flamme gesehen habe und die Worte daraus gehört habe, ruhige und reine, und ich sehe, dass das Licht dieser Worte Jesu fällt auf die, deren Leben im Schatten liegt. Das Tal der Finsternis wird zum Tal des Lichtes. Unverwechselbare Worte. Und ich bitte, dass diese Stimme nie verklingt und nie mein Ohr für sie taub werde, ich habe in die Flamme geschaut und viel darin erkannt, und bitte, lass nie dein Licht verlöschen und meine Augen blind werden für das Leuchten deiner reinen und klaren Worte. Alles, was mir geschieht und begegnet, halte ich in dieses Licht, und wenn ich in Gedanken den ganzen langen Zug zurückgehe, dann sehe ich Janusz Korczak, mit der Flamme in der Hand den Weg nach Treblinka gehend, mit all den Kindern und Matthias Claudius, der um das Höchste, die Einfalt bittet, ich höre neu Martin Luther King und Mahatma Gandhi Frieden stiften und weiß die vielen, die beten und bitten für den Frieden, und erinnere mich an die ersten irischen und schottischen Mönche bis zu denen, die hier vor Jesus stehen und selig gepriesen werden, und dann weiß ich einmal mehr, sie alle haben in diese Flamme geschaut und das Wort dieses Lichtes ist mit ihnen gegangen. Wenn dieser Text, die Seligpreisungen, ein Licht ist, dann kommt keiner von uns ans Ende mit dem Aufzählen all dessen, was in diesem Licht zu sehen ist. Wir stehen auf dem Berg und schauen ins verheißene schöne Land: Wir sehen schon die Lichter und hören die Musik, erhalt uns, HERR, bei deinem Wort, das Licht ist auf unserem Weg. Auf diesem bewahre uns der Friede GOTTES, der höher ist als all unsere Vernunft, er bewahre unsere Herzen und Sinne in Christus Jesus unserem HERRN. Amen.

Stark wie der Tod ist die Liebe – Liebe über den Tod hinaus

Wer aufgeregter war beim ersten Mal, kann ich nicht sicher sagen. Das Brautpaar, jung noch, schön und sehr verliebt. Mit großer Sorgfalt hatten sie seit einem Jahr die Trauung vorbereitet, nahmen sie ganz ernst als wesentlichen, wenn nicht gar den wesentlichen und wichtigsten Tag ihres bisherigen Lebens. Sie überspielten nichts, erlaubten sich ihre Nervosität, ohne dabei ungeduldig oder ängstlich zu wirken. Immer wieder schauten sie sich an, als müssten sie sich vergewissern, dass der und die Andere auch wirklich noch da ist, wirklich mitgekommen ist in diese Kirche, in diesen Tag, in dieses neue Leben.

So ganz jung war ich nicht mehr, aber es war die erste Hochzeit, die ich zu halten hatte. Auch ich hatte mich gründlichst vorbereitet, die Namen nicht nur des Paares, sondern auch der Angehörigen, Trauzeugen und Freunde und die Liturgie auswendig – besser inwendig! – gelernt, mit viel Freude die Ansprache geschrieben und spätestens seit dem Abend des Vortags an wenig anderes mehr gedacht als an die beiden und diese Hochzeit, die wir nun gemeinsam mit vielen geladenen Gästen feiern würden. Ihre erste Hochzeit, meine erste Hochzeit, es war wunderbar. Und dann, getragen von der Kraft und der Schönheit der Feier, standen die beiden vor mir und ich hatte sie zu fragen und fragte sie aus ganzem Herzen:

Richard, willst du Beate als deine Ehefrau aus Gottes Hand annehmen und sie lieben und ehren, Freude und

Leid mit ihr teilen und ihr die Treue halten, bis der Tod euch scheidet, so antworte: Ja, mit Gottes Hilfe.

Beate, willst du Richard als deinen Ehemann aus Gottes Hand annehmen und ihn lieben und ehren, Freude und Leid mit ihm teilen und ihm die Treue halten, bis der Tod euch scheidet, so antworte: Ja, mit Gottes Hilfe.

Und sie antworteten beide frei und ernst und doch heiter; die Zeremonie nahm ihren Fortgang, Ring und Kuss und Wort wurden getauscht und dann waren sie verheiratet. Und ich denke seitdem immer wieder darüber nach, welchen Sinn es haben könnte, dass da gesagt ist: „*Bis der Tod euch scheidet*". Kann der Tod Liebende scheiden?

Und wenn sie sich scheiden lassen – was heute nicht gerade selten ist, mag die Hochzeitsfeier auch noch so wahr und schön gewesen sein –, liegt es nicht daran, dass der Tod sie geschieden hat, sondern meist sehr irdische Ereignisse und, hoffentlich, Gottes unergründlicher Ratschluss. Warum benutzen wir ausgerechnet in der christlichen Hochzeitsliturgie eine Formulierung, die den Tod als Ende der liebenden Verbundenheit zweier Menschen aufruft?

Denn so viel wissen alle, die lieben und die ein geliebtes Wesen – es seien Menschen oder andere Wesen – durch den Tod verloren haben: Geschieden wird die Liebe dadurch nicht. Sie hört gerade nach dem Tod nicht auf, wird im Gegenteil schmerzlichst intensiviert durch die Veränderung und Verwandlung der Beziehung, bis sie, wenn es geschenkt wird, tatsächlich in eine andere Gestalt findet und das Leben der Hinterbliebenen zwar anders, aber keineswegs weniger stark begleitet als zu der Zeit, da beide noch in dieser Welt gelebt haben.

Sicher bezieht sich die Formel aus der Trauzeremonie auf dieses irdische Zusammenleben; sicher ist damit auch gesagt, dass der oder die Verwitwete frei ist, eine neue Verbindung einzugehen. Dennoch wäre es vielleicht schön, nicht von Scheidung, sondern von Wandlung zu sprechen, wenn der Tod den Liebenden begegnet.

Und wie geschieht nun diese Wandlung? Was bleibt den Liebenden, wenn einer von beiden stirbt? Ist sie denn wirklich stärker als der Tod, die Liebe?

Ja, wenn sie in eine sich wandelnde Form, in eine ganz andere Gestalt einwilligt, als sie die Liebenden bisher kannten.

Die schönste Beschreibung dieser Wandlung finde ich im Johannesevangelium im 20. Kapitel:

> *Maria aber stand draußen vor dem Grab und weinte. Als sie nun weinte, schaute sie in das Grab und sieht zwei Engel in weißen Gewändern sitzen, einen zu Häupten und den andern zu den Füßen, wo sie den Leichnam Jesu hingelegt hatten. Und die sprachen zu ihr: Frau, was weinst du? Sie spricht zu ihnen: Sie haben meinen Herrn weggenommen, und ich weiß nicht, wo sie ihn hingelegt haben.*
>
> *Und als sie das sagte, wandte sie sich um und sieht Jesus stehen und weiß nicht, dass es Jesus ist. Spricht Jesus zu ihr: Frau, was weinst du? Wen suchst du? Sie meint, es sei der Gärtner, und spricht zu ihm: Herr, hast du ihn weggetragen, so sage mir, wo du ihn hingelegt hast; dann will ich ihn holen. Spricht Jesus zu ihr: Maria! Da wandte sie sich um und spricht zu ihm auf Hebräisch: Rabbuni!, das heißt: Meister!*
>
> *Spricht Jesus zu ihr: Rühre mich nicht an! Denn ich bin noch nicht aufgefahren zum Vater. Geh aber hin zu meinen*

Brüdern und sage ihnen: Ich fahre auf zu meinem Vater und zu eurem Vater, zu meinem Gott und zu eurem Gott. Maria von Magdala geht und verkündigt den Jüngern: Ich habe den Herrn gesehen, und das hat er zu mir gesagt.

(Johannes 20,11–18)

Jesus ist gestorben, mehr als das, er ist grausam hingerichtet worden am Kreuz. Sie ist dageblieben, hat ausgehalten – ihren Schmerz, schlimmer noch, seinen Schmerz. Sie hat gemeinsam mit einigen anderen Frauen, dem Lieblingsjünger und seiner Mutter unter dem Kreuz ausgeharrt und sein Sterben mit erlitten. Was sie dies ertragen ließ, war die Liebe zu ihm, eine Liebe, die jede Form von Liebe einschließt und umfängt, weil sie von seiner Liebe durchdrungen war.

Nun ist es vorbei. Er ist tot, was bleibt, ist sein Grab, und dieser Ort ist fortan *ihr* Ort, der Ort ihrer Liebe. Dorthin wird sie fortan täglich gehen, dort wie sie in den Erinnerungen an ihn und ihre kurze gemeinsame Zeit leben. Das wird ihr Zuhause sein, das sie nie hatten, solange er lebte. Das ist auch der Ort, wo sie endlich weinen kann, endlich auch schwach sein darf nach den ungeheuren Anstrengungen der letzten Tage. Ihr Ort. Sein Ort.

Was für ein Erschrecken muss es sein, dann festzustellen, dass er nicht mehr da ist? Nicht einmal jetzt, nicht einmal im Tod kann sie ihm nahe sein, schon wieder Verwirrung, schon wieder Anfeindung und Hindernis, auch jetzt keine Ruhe! So wundert es sie offenbar kaum, dass da zwei Engel sitzen, Boten einer anderen Welt – sie sieht es nicht, ist tief eingeschlossen in ihrem Schmerz, ihrer Angst, ihrem Zorn auch: Wo ist er? Ich stelle sie mir dort am Eingang des Grabes vor, bebend und verzweifelt – ganz gleich, ob da Engel oder Teufel sitzen, sie will ihn wiederhaben, nicht noch einmal verlieren!

Dann wendet sie sich um, weg von diesem Ort, der ihr doch ein Stück Heimat sein sollte, wieder fort in die Unbehaustheit, die auch nicht wohnlicher wird durch die Engel. Wo die Liebe nicht ist, sind auch Engel sinnlos. Wieder auf der Suche nach ihm und ihrer Liebe – wenn er nicht da ist, wo ist er dann?

Da steht einer, wieder sieht sie nicht wirklich, nimmt nur einen fremden Menschen wahr. Im Augenblick der Trauer, des Zorns, des Schmerzes ist das Herz zu verwirrt, um die Gegenwart der Liebe zu erkennen. Die Augen sehen nicht das vor Augen Liegende und auch nicht den Geliebten, direkt im Angesicht. Was für eine Tragik, welch ein Gefängnis der Sinne! So kann denn Liebe auch ganz anders blind machen? Tränenblind?

Aber auch ihr Ohr ist offenbar noch ertaubt, vielleicht von den vielen Schreien, die sie in den letzten Tagen hören musste, vom Tumult in Jerusalem, vielleicht von ihren eigenen Schreien und Klagen, die sie erst jetzt laut werden lassen kann und die ihr Gehör verwirren. Denn er spricht sie ja an: Frau, was weinst du? Und wiederholt so die Frage der Engel, präzisiert aber noch: Wen suchst du? Und sie hört die Stimme nicht richtig, erkennt ihn nicht, obwohl doch das Gehör neben dem Geruchssinn der verlässlichste Sinn für unser Erkennen ist – der Ewige Gott ließ sich immer schon hören, sehen dagegen niemals. Sie aber bleibt in dem, was sie erwartet, und sie erwartet keineswegs, im Gärtner dem Geliebten zu begegnen. Wieder also, als drehte sie sich immer weiter in ihr eigenes Fragen hinein, ungeachtet dessen, dass der Gärtner ja gar nicht wissen kann, von wem sie redet:

Herr, hast du ihn weggetragen, so sage mir, wo du ihn hingelegt hast; dann will ich ihn holen.

So gefangen in den eigenen Vorstellungen und Gedanken und Erwartungen, dass auch das Sprechen fragmentarisch wird und es nicht immer für alle verständlich sein kann, wovon ein so tief trauernder Mensch redet.

Nicht immer für alle. Aber für ihn wohl. Er weiß und sieht und ist längt auferstanden aus dem menschlichen Gefängnis von Angst, Schmerz und Leid. Er spricht aus der Wirklichkeit Gottes, die unsere Menschenwirklichkeit umfängt und erfüllt, und ruft sie an mit ihrem Namen: Maria. Sie hört ihren Namen – und jetzt hört sie wirklich.

Die eigentliche Überraschung in dieser Begebenheit liegt in der nachfolgenden Bewegung: Da wandte sie sich um. Wäre damit ein äußeres, körperliches Umwenden gemeint, würde sie sich nun wieder mit der Blickrichtung zum Grab wenden – da sie sich ja bei der ersten Wendung vom Grab weggedreht hatte und den vermeintlichen Gärtner traf. Sie wäre also wieder dem Grab zugewandt und hätte sich vom Gärtner weggedreht. Das ist sehr unwahrscheinlich: Wenn ich von der nun endlich erkannten geliebten Stimme mit meinem eigenen Namen gerufen werde und diesen ganz besonderen und geliebten Klang wieder höre – drehe ich mich dann weg? Wende ich mich dann wieder dem Tod zu anstatt dem Leben, das mich da lockt?

Wohl kaum, und sie tat es ganz gewiss nicht, weil sie ihm ja antwortet: Rabbuni! Das aber sagt sie nicht zum Grab, sondern zu dem, der die Liebe ist.

Warum also steht da: *Da wandte sie sich um?* Das griechische Wort, das in der ursprünglichen Fassung des Evangeliums dort steht, weist auf einen überraschenden

Gedanken – oder besser: eine bewegende Erfahrung – hin. Es kann sowohl „drehen, wenden“ als auch: „umwandeln“ heißen.

Es ist also möglich, dass Maria sich beim ersten Mal tatsächlich im physischen Sinne umdrehte – also vom Grab weg –, dann aber „sich umwandelte“, besser: umgewandelt, verwandelt wurde, als sie mit ihrem Namen angesprochen wurde. Mag sein, dass diese Interpretation etwas „mutig“ ist – aber sie ist möglich und entspricht der Erfahrung. Plötzlich, inmitten der Trauer um einen geliebten Menschen, findet ein Angesprochensein statt, eine wie auch immer geartete Begegnung mit dem Anderen, dem meine ganze Liebe gilt, vielleicht in einem Traum, in einem unvermittelten Gedanken, in einer Erinnerung, die so gegenwärtig ist, dass sie unmöglich vergangen sein kann. Plötzlich begreife ich: Die Geliebte ist nicht fort! Sie ist da, ganz nah, gerade dort, wo ich bisher nur Leere und tiefen Schmerz und „Abwesenheit“ wahrnahm. Gerade in dieser vermeintlichen „Abwesenheit“ begegnet mir seine, ihre Anwesenheit, weil mein Herz sich in neuer Weise für eine andere Wirklichkeit öffnet – eine Wirklichkeit, die ich vorher nicht sah.

Paulus hat die Frage, wie denn die Toten leben, in seinem Brief an die Korinther zu beschreiben versucht:

> *Es könnte aber jemand fragen: Wie werden die Toten auferstehen und mit was für einem Leib werden sie kommen? Du Narr: Was du säst, wird nicht lebendig, wenn es nicht stirbt.*
> *Und was du säst, ist ja nicht der Leib, der werden soll, sondern ein bloßes Korn, sei es von Weizen oder etwas anderem.*

Gott aber gibt ihm einen Leib, wie er will, einem jeden Samen seinen eigenen Leib.
Nicht alles Fleisch ist das gleiche Fleisch, sondern ein anderes Fleisch haben die Menschen, ein anderes das Vieh, ein anderes die Vögel, ein anderes die Fische.
Und es gibt himmlische Körper und irdische Körper; aber eine andere Herrlichkeit haben die himmlischen und eine andere die irdischen.
Einen andern Glanz hat die Sonne, einen andern Glanz hat der Mond, einen andern Glanz haben die Sterne; denn ein Stern unterscheidet sich vom andern durch seinen Glanz.
So auch die Auferstehung der Toten. Es wird gesät verweslich und wird auferstehen unverweslich.
Es wird gesät in Niedrigkeit und wird auferstehen in Herrlichkeit. Es wird gesät in Armseligkeit und wird auferstehen in Kraft.
Es wird gesät ein natürlicher Leib und wird auferstehen ein geistlicher Leib. Gibt es einen natürlichen Leib, so gibt es auch einen geistlichen Leib.
Wie geschrieben steht: Der erste Mensch, Adam, „wurde zu einem lebendigen Wesen" (1.Mose 2,7), und der letzte Adam zum Geist, der lebendig macht.
Aber der geistliche Leib ist nicht der erste, sondern der natürliche; danach der geistliche.
Der erste Mensch ist von der Erde und irdisch; der zweite Mensch ist vom Himmel.
Wie der irdische ist, so sind auch die irdischen; und wie der himmlische ist, so sind auch die himmlischen.
Und wie wir getragen haben das Bild des irdischen, so werden wir auch tragen das Bild des himmlischen.

(1 Korinther 15,35–49)

Paulus ist mutig. Er versucht, das Unfassbare dennoch in Worte zu fassen, und kommt dem, was Johannes in seinem Evangelium berichtet, sehr nahe. Die, die da auferstehen und gegenwärtig sind, sind mit nichts zu vergleichen, was uns hier in dieser Welt begegnet. Aber sie sind spürbar und wirklich – und wirksam.

Dass diese „andere Wirklichkeit", diese neue, bisher unbekannte Weise von Gegenwart wirklich sehr anders ist, zeigt sich an Jesu nächsten Worten: *Rühre mich nicht an*! Er ist nicht so zu begreifen, wie er bisher zu „begreifen", mit allen Sinnen zu erfassen war – aber war er das denn? Ist das Geheimnis dieses Gottessohnes und Menschenbruders mit unseren Sinnen ganz zu erfassen? Und wäre denn irgendein Mensch ganz zu begreifen, und sei er auch noch so geliebt?

Vielleicht ist ebendies das Geheimnis der Liebe: Dass sie eben nicht versucht, den, die andere zu fassen, festzuhalten gar, einzufangen in Vorstellungen und Bilder, sondern dass sie sich je und je neu suchen und finden lässt, sich jeden Tag, in jedem Augenblick ganz neu offenbart – im Leben und im Tod, der nur eine gewandelte Weise des Lebens ist.

Für Maria mag es für einen Augenblick ein anderer Schmerz gewesen sein: Er ist da, von ihr wiedererkannt, und doch lässt sich die alte Form des Umgangs nicht einfach wieder aufnehmen. Begegnung findet nun ganz anders statt – entgrenzt! Nicht mehr gebunden an Zeit und Raum, nicht mehr (nur) mit den Sinnen zu finden, sondern in anderer und allgegenwärtiger Weise wahrnehmbar, wenn auch mit anderen Sinnen.

Sind so die, die wir für tot halten, bei uns, ganz gegenwärtig, wenn wir mit ihnen in Liebe verbunden sind?

Manche Menschen erzählen es so. Sie können mit dem oder der Geliebten sprechen, sind ihnen ganz nahe, auch wenn sie sie mit ihren leiblichen Augen nicht sehen, mit ihrem Tastsinn nicht wirklich fühlen können. Aber mit den feinen Sinnen der Seele und des Herzens sind sie sehr wohl fühlbar, ungebunden an Zeit und Ort, verbunden mit den noch in dieser Welt Liebenden in einer Weise, die diese nicht einschränkt, sie nicht fesselt, nicht einfach Vergangenheit konserviert – sondern sie, solange sie noch in dieser Welt leben, begleitet und manchmal auch warnt oder berät, ihnen jedenfalls Gutes wünscht und Gutes tut – vielleicht in viel selbstloserer Weise, als sie als Lebende in dieser Welt es konnten. Sie sind erwacht zu wirklicher Liebe und geben sie in unsere Welt weiter.

Jesus gibt Maria einen konkreten Auftrag:

> *Geh aber hin zu meinen Brüdern und sage ihnen: Ich fahre auf zu meinem Vater und zu eurem Vater, zu meinem Gott und zu eurem Gott. Maria von Magdala geht und verkündigt den Jüngern: Ich habe den Herrn gesehen, und das hat er zu mir gesagt.*

Maria von Magdala wird so zur ersten Apostolin, auch wenn die Kirchengeschichte das über Jahrhunderte vergessen hat. Der Auftrag bleibt gültig. Auch die Erfahrung, dass gerade im Sprechen und im Tun der, mit dem sie verbunden ist in einer Liebe in allen und über alle Welten hinweg, ihr ganz besonders nahe ist. Auch das ist eine Erfahrung, die manche erzählen: Gerade wenn sie dies oder jenes tun, einer bestimmten Tätigkeit nachgehen, ein Buch lesen, das sie beide geliebt haben, wenn er die Arbeit fortsetzt, die sie begonnen hat, wenn sie eine Formulierung gebraucht, die eigentlich zu ihm gehört – dann ist der, die Andere wirklich da, wirklich anwesend.

Im Wort, in der Liebe, im Tun sind wir mit Gott verbunden, ist Er uns ganz nahe. Und so auch mit den Menschen, die uns in eine andere Wirklichkeit vorausgegangen sind – sie sind uns nahe, wenn wir ihnen nahe bleiben. Denn die Liebe ist stärker als der Tod. Sie ist ewig.

Liebe als Therapeutikum

„Wenn ich wirklich glauben würde, dass Gott mich liebt, würde ich alles anders machen". Mit traurigem Blick sitzt sie vor mir, eine noch junge, sehr engagierte und erfolgreiche, beliebte Pfarrerin, dezent und schön gekleidet, die großen, braunen Augen in eine unbestimmte Ferne gerichtet, als suchte sie Den, Dem sie doch nicht glauben kann.

Sonntag für Sonntag predigt sie in den verschiedenen Kirchen, die zu ihrem Pfarrbezirk gehören, von der Liebe Gottes. In Seelsorgegesprächen, bei der Vorbereitung zu Hochzeiten, Taufen, Beerdigungen, bei Ansprachen und auf Gemeindefesten – immer und immer wieder redet sie von der Liebe, die uns geschenkt ist. Sie wird von ihren Gemeindegliedern geliebt und geschätzt, sie wird auch von denen geachtet, die nicht in der Kirche sind. Sie ermutigt viele Menschen auf ihren Wegen, sie arbeitet für diesen Gott bis an die Grenzen ihrer Belastbarkeit und oft weit darüber hinaus. Und dann dieser Satz: „Wenn ich wirklich glauben würde, dass Gott mich liebt, würde ich alles anders machen."

Dieses Wort aus dem Mund dieser so begabten und beliebten Pfarrerin hat mich erschüttert. Nicht, weil es mich überrascht hätte, dass manche Menschen nicht an die Liebe Gottes glauben und erst recht nicht daran, dass diese Liebe sie ganz persönlich meinen könnte. Sondern dass sogar ein Mensch wie sie, an der diese Liebe so sichtbar wirksam wird, die so überzeugend davon spricht und diese Gottesliebe so hingebungsvoll weitergibt, dass also gerade sie so wenig selbst davon spürt und wahrnehmen kann; und dass ihr ganzer Dienst, ihr ganzes Leben letztlich auf einer großen Unsicherheit gründet, manchmal auf Verzweiflung.

Ich habe diese Situation seitdem in Vorträgen und in Einzelgesprächen sehr oft zitiert – weil die junge Pfarrerin etwas ausgesprochen hat, das viele, vielleicht die meisten Menschen so empfinden, die zu einem Seelsorgegespräch oder in die geistliche Begleitung kommen. Nicht alle reden gleich von der Gottesliebe oder ihrer Sehnsucht danach. Aber das Gefühl, grundsätzlich nicht geliebt zu sein, die tiefgründende Vorstellung, sich Anerkennung, Achtung, Liebe durch eine wie immer geartete Gegenleistung oder ein bestimmtes (Wohl-)Verhalten verdienen zu müssen, scheint die allermeisten Menschen zu beherrschen, die als Suchende zu einem Gespräch kommen – ob sie nun Katholiken oder Protestanten, Kirchenferne oder Gemeindemitglieder sind, ob sie in einer Beziehung leben oder nicht, ob sie reich oder arm, Frauen oder Männer sind.

Immer wieder dieses Gefühl: „Ich werde nicht um meiner selbst willen geliebt"; „In meinem Leben habe ich bisher zur wenig wirkliche Liebe erfahren" oder „Selbst wenn mich jemand liebt, fällt es mir schwer, diese Liebe anzunehmen." Ist unsere Gesellschaft wirklich so lieblos geworden? Hatten frühere Generationen dasselbe Problem und wie ist es heute mit anderen Völkern und Nationen?

Sicher ist es so, dass wir aufgrund unseres hohen Wissensstandes, aber auch der großen Selbstverantwortung, die den Menschen in unserer Gesellschaft mehr und mehr übergeben wird, eine viel sensiblere Wahrnehmung für die Anwesenheit oder Abwesenheit von Liebe haben. Wo früher oder heute noch an anderen Orten der Welt die Sorge für das schlichte Überleben und die oft sehr mühselige Organisation des Alltags im Mittelpunkt standen, findet sich heute eine höhere Aufmerksamkeit für die „Innenwelten“ der eigenen Person. Je mehr äußeren Wohlstand wir haben, desto stärker spüren wir den inneren Mangel – vielleicht, weil wir schlicht mehr Zeit haben, ihn wahrzunehmen, vielleicht, weil wir in Büchern, Gesprächen, Veranstaltungen, Kursen, Seminaren immer mehr in dieser Aufmerksamkeit auf uns selbst geschult werden. Und da wird der Mangel dann umso spürbarer, je mehr Begriffe wie „Glück“ oder „gelingendes Leben“ zum Maßstab eines erfüllten Lebens werden.

Gleichzeitig wird der Druck, der auf den einzelnen Menschen lastet, größer – oft, weil es wirklich mehr Sorgen, mehr Arbeit, mehr Angst zu ertragen und zu bewältigen gibt, vor allem aber, weil die Einsamkeit immer größer wird.

Die Selbstverständlichkeit des gemeinsamen Lebens in Familie, Freundeskreis, Glaubensgemeinschaft – in Europa also vor allem: in der Kirche oder einer anderen christlichen oder einer jüdischen Glaubensgemeinschaft –, einfach in einem gemeinsam grundsätzlich akzeptierten Wertesystem ist heute durch hohe Individualisierung, notwendige Flexibilität und Mobilität, hohe Scheidungsraten, religiöse und ethnische Pluralität schon fast verlorengegangen, jedenfalls in den Städten. Ob das an sich „gut“ oder an sich „schlecht“ ist, wird damit noch gar nicht behauptet – zunächst ist es eine Feststellung, die eine völlig neue Aufgabe für die in unseren Städten und in unserer Kultur lebenden Menschen bedeutet: nämlich die Aufgabe, sich selbst den Sinn des (eigenen) Lebens zu erschließen, sich selbst Maß und Ziel zu formulieren, sich selbst die notwendigen Instrumente und Mechanismen zu erarbeiten, um diese Ziele zu erreichen, und vor allem – sich selbst irgendeine „Kraftquelle“ zu erschließen, die all dem zugrunde liegt und jeden, der sich auf sie bezieht und aus ihr ableitet, trägt und erhält.

Diese Aufgabe ist zu schwer für einen einzelnen Menschen. Sie ist auch paradox – wie kann ich „das“, das mich tragen soll, selbst erschaffen? „Es“ wird ja nie größer sein als meine eigene Fassungskraft, muss aber weit größer sein als ich, wenn „es“ mir Ursprung, Sinn und Ziel sein soll. Mit anderen Worten – ich glaube nicht, dass wir diese Aufgabe wirklich aus uns selbst bewältigen können.

Die zahreichen Menschen, die verzagt und oft wie verschämt um Hilfe bei dieser unlösbaren Aufgabe bitten, bestätigen es immer wieder: Wir können uns nicht selbst erfinden, wir können uns nicht selbst am Leben erhalten und unserem Leben einen Sinn geben. Wir können uns keinen Gott erfinden. Die einzige Hoffnung, die wir haben, geht dahin, dass da ein Gott sei, der uns findet – und dass wir uns von IHM finden lassen. Wir uns – nicht eine allein, nicht einer allein.

Das wichtigste Therapeutikum gegen die Einsamkeit ist das Wagnis der Beziehung – mit Gott, mit anderen Menschen. Das Therapeutikum gegen die Angst vor dem letztgültigen Tod, vor der Vernichtung durch Menschen oder vor einer wie immer gearteten Verelendung des Herzens und der Seele ist die Liebe in ihren verschiedenen Formen. Im Lukasevangelium findet sich eine Geschichte, die dieses „Therapeutikum der Liebe“, aber auch die Verfassung derer, die dieses Heilmittel brauchen, in eindrücklicher Weise schildert. Es ist die Geschichte vom Zöllner Zachäus:

Und er ging nach Jericho hinein und zog hindurch.
Und siehe, da war ein Mann mit Namen Zachäus, der war ein Oberer der Zöllner und war reich.
Und er begehrte, Jesus zu sehen, wer er wäre, und konnte es nicht wegen der Menge; denn er war klein von Gestalt.
Und er lief voraus und stieg auf einen Maulbeerbaum, um ihn zu sehen; denn dort sollte er durchkommen.
Und als Jesus an die Stelle kam, sah er auf und sprach zu ihm: Zachäus, steig eilend herunter; denn ich muss heute in deinem Haus einkehren.
Und er stieg eilend herunter und nahm ihn auf mit Freuden.
Als sie das sahen, murrten sie alle und sprachen: Bei einem Sünder ist er eingekehrt.
Zachäus aber trat vor den Herrn und sprach: Siehe, Herr, die Hälfte von meinem Besitz gebe ich den Armen, und wenn ich jemanden betrogen habe, so gebe ich es vierfach zurück.
Jesus aber sprach zu ihm: Heute ist diesem Hause Heil widerfahren, denn auch er ist Abrahams Sohn.
Denn der Menschensohn ist gekommen, zu suchen und selig zu machen, was verloren ist.

(Lukas 19,1–10)

Die Geschichte vom kleingewachsenen Zachäus ist beliebt bei Kindern, die sich ohne Mühe in den kleinen Mann, der einfach zu klein ist, um über die „Großen“ hinüberzusehen, hineinversetzen können. Oft wird sie in biblischen Theaterstücken oder Anspielen aufgeführt, in fast jeder Kinderbibel ist sie schön illustriert zu finden – der kleine Eifrige, der zwischen Scham und Beharrlichkeit schwankt und sich schließlich mutig auf einen Baum setzt. Da kann er zwar nicht gesehen werden, und das ist ihm vielleicht auch ganz recht, denn als Zöllner ist er unbeliebt. Aber – und das ist ihm wichtiger, als gesehen zu werden – er kann sehen: den nämlich, von dem alle reden, von dem Wunderdinge erzählt werden und von dem auch er sich offensichtlich etwas erhofft – was er sich erhofft, ist allerdings zunächst gar nicht klar. Und es ist auch nicht wichtig, jedenfalls nicht für Jesus, den so Erwarteten. Diesem reicht offenbar die bloße Tatsache, dass Zachäus die Mühe des Kletterns auf sich genommen hat: Er bleibt gerade unter diesem Baum stehen, sieht ihn, ruft ihn mit seinem Namen an (woher kennt er den Namen?) und befielt ihm, herunterzusteigen. Denn in der Tat, das ist es – ein Befehl, keine Bitte. Und es ist ein Befehl, der seine Kraft nicht nur aus der Autorität Jesu bezieht. Denn auch dieser gehorcht offenbar einer höheren Weisung: „... denn ich muss heute in deinem Hause einkehren." „Ich muss", sagt er, der doch selbst mit göttlicher Autorität erfüllt ist. Wem gehorcht er? Wer hat dieses „muss" ausgesprochen und warum?

Zachäus beugt sich ohne Weiteres dieser doppelten Kraft, nicht nur ohne zu zögern, sondern sogar „eilend". Beiden ist offenbar bewusst, dass sie miteinander Teil eines Geschehen sind, das sie beide umfängt und lenkt. Und so gehorcht er, und noch viel mehr als das, er „nimmt ihn auf mit Freuden". Nicht verschämt, nicht hochmütig, auch nicht übertrieben ehrerbietig oder unterwürfig, sondern „mit Freuden". Das klingt nach Befreiung, nach natürlicher Würde, nach unbefangener Begegnung. Das klingt nach Erlösung.

Ebendies – dieses freudige Erkennen und Erkanntsein, diese herzliche Zuwendung zu dem, mit dem andere vielleicht ganz eigene, durchaus eigennützige Pläne haben – weckt deren Neid und Eifersucht. Gezischelt wird, geschmäht, hämisch gelästert: „Bei einem Sünder ist er eingekehrt.“ Abgewertet sind nun gleich beide: der Zöllner sowieso, der im Dienst der römischen Besatzer steht und als deren Handlanger vom eigenen Volk Steuern einzieht, aber auch der, den sie eben noch umjubelt haben. Wenn er bei dem, dem Volksfeind sozusagen, einkehrt, ist er entweder dumm oder falsch, dumm, weil er nicht erkennt, wen er da vor sich hat – also ist er doch nicht so allwissend, wie er tut? –, oder falsch, weil er offenbar gemeinsame Sache mit den anderen macht: ein Spitzel, ein Intrigant womöglich und nicht der Messias, der uns, den Herren mit der „weißen Weste“, und den eigenen Plänen dienen könnte.

„Zachäus aber ...“: So geht die Geschichte weiter. Dieses „aber“ offenbart schon die ganze Freiheit, in der dieser so oft Geschmähte nun lebt. Obwohl „die anderen“ ihn schmähen und ihn, kaum dass er einen Schritt aus seiner eigenen Scheu und Verborgenheit herauswagt, sofort wieder in seine alte „Rolle“ zurückdrängen wollen, stellt er sich hin, richtet sich aus auf den, der ihn gerufen und in seinem Ansehen befreit hat, und erkennt in seinem Blick die eigenen Fehler, die er sich im Laufe seiner Außenseiterexistenz offenbar angewöhnt oder jedenfalls nicht korrigiert hat: Habsucht, Betrug, gerade die Sünden also, denen Menschen mit viel Geld und wenig Selbstwertgefühl zu erliegen drohen.

Aber auch Jesus freut sich offenbar lauter und herzlich, wenn er ausruft: „Heute ist diesem Hause Heil widerfahren, denn auch er ist Abrahams Sohn“ – er, dieser Verachtete, gehört gleichwohl und nun erst recht wieder zu uns, ist zugehörig zu seinem Volk und vor allem zur Liebe und Aufmerksamkeit Gottes. Und dann endet er mit einem seltsam distanzierten Wort: „Denn der Menschensohn ist gekommen, zu suchen und selig zu machen, was verloren ist." Warum sagt er nicht einfach „Ich bin gekommen"? Mit dem Titel „Menschensohn" bindet er seine Person zurück an eine Vision des Propheten Daniel:

Immer noch hatte ich die nächtlichen Visionen: Da kam mit den Wolken des Himmels einer wie ein Menschensohn. Er gelangte bis zu dem Hochbetagten und wurde vor ihn geführt. Ihm wurden Herrschaft, Würde und Königtum gegeben. Alle Völker, Nationen und Sprachen müssen ihm dienen. Seine Macht ist ewig und vergeht nicht, und sein Reich vergeht nicht.

(Daniel 7,13f.)

Wenn Jesus also in diesem Augenblick von dem angekommenen Menschensohn spricht, anstatt einfach „ich" zu sagen, dann deutet das wiederum eine viel größere Kraft und Dimension an, als das einfache „ich" sie zu fassen vermöchte. So, wie er vorher in das Haus des Zachäus einkehren „musste", einem höheren Willen gehorchend, so staunt er selbst jetzt über die Kraft des „Menschensohns", der offenbar in seiner Person wirkt. Gerade dies erlaubt ihm, Jesus von Nazareth, wohl die herzliche Mitfreude an der Befreiung des Zöllners und bewahrt ihn vor Überheblichkeit und Anmaßung. Hier ist Jesus ebenfalls „nur" Werkzeug, besser: ein Instrument, auf dem die Kraft der Liebe zum Klingen gebracht wird.

Die Geschichte von Zachäus ist also keineswegs nur eine Kindergeschichte (wobei das „nur" hier quantitativ, keinesfalls qualitativ gemeint ist), sie ist auch nicht nur die Geschichte eines bekehrten Sünders und geläuterten Betrügers, sie ist vor allem die Geschichte eines Ungeliebten.

Denn so wie Zachäus in dieser Geschichte beschrieben wird, fühlen sich viele, denen es an Liebe in ihrem Leben fehlt. Dabei ist es nicht so wichtig, ob sie tatsächlich von niemandem geliebt werden oder in der Vergangenheit nie geliebt wurden oder ob sie sich nur deshalb ungeliebt fühlen, weil sie die Form, in der ihnen die Liebe und Zuwendung gezeigt werden, nicht verstehen.

In jedem Fall fühlen sich ungeliebte Menschen minderwertig, ausgegrenzt, isoliert, auch wenn sie inmitten einer Familie oder Gemeinschaft oder eines großen Arbeitsteams leben. Sie meinen, nicht zu genügen – welchen Ansprüchen auch immer, am wenigsten den vermeintlich eigenen –, und mit dem, was sie tun, vor den Augen anderer nicht bestehen zu können. Die eigene Arbeit und Leistung, das eigene Aussehen und die eigenen Gaben werden als wertlos und als den allgemeinen Forderungen nicht angemessen beschrieben. Kurz: Menschen, die sich nicht geliebt fühlen, empfinden sich oft als dumm, faul, hässlich, minderbegabt. Um dennoch zu überleben – und allein dieser Überlebenswille zeugt von einer großen Kraft, die größer sein muss als das eigene Herz –, werden in der Regel bestimmte Techniken und Strategien entwickelt: Entweder es entwickelt sich ein gewisser Größenwahn, der wie eine aufgeblähte Maske das eigene kleine, schwache „Ich" größer und stärker erscheinen lassen soll, als es in Wirklichkeit ist, oder es spielt sich eine übertriebene Unterwürfigkeit ein: das „liebe Kind", der immer angepasste Mitarbeiter, die stets dienstbereite und nur scheinbar ganz aufopfernde Familienmutter – scheinbar aufopfernd, denn was wie Hingabe aussieht, ist letztlich der verzweifelte Versuch, durch diese Unterwürfigkeit am Leben zu bleiben und von den anderen ein bisschen Zuwendung und Liebe zu bekommen. Und fast immer finden sich diese beiden Seiten – Größenwahn und Minderwertigkeitskomplex – zusammen in einer Person, je nachdem, wem sie gerade begegnet: einem noch Schwächeren, vor dem sie sich dann umso leichter behaupten kann, oder einem vermeintlich Stärkeren, dem sie in devoter Unterwürfigkeit gegenübertritt.

Eine beklemmend treffende Satire über einen „ungeliebten" oder sich ungeliebt fühlenden Menschen ist Heinrich Manns Roman *Der Untertan*. Es ist diese Gleichzeitigkeit von tyrannischen und devoten Zügen, die Diederich Heßling, die Hauptfigur des Romans, so unheimlich, zuweilen auch so unheimlich vertraut machen.

Im Gegensatz zum Wilhelminischen Kaiserreich, in dem dieser Roman spielt, oder zum Terrorregime des Nationalsozialismus, in dem gerade diese Verhaltensweisen als Ideale verherrlicht wurden und man mit diesen beste „Karrierechancen" hatte, werden die wenigsten Menschen heute in der Öffentlichkeit so auftreten. Zu verpönt ist inzwischen vielerorts der schlichte Typ des angepassten Stammtischagitators. Umso häufiger aber wirken diese beiden „Kräfte" im Innern eines Menschen: der „innere" Tyrann, der ihn zu immer höheren Leistungen antreibt und in menschenverachtender Weise mit Selbstzweifeln und Selbstverachtung quält, und jene andere Seite, die Seite des inneren „Untertans", der es nicht wagt, sich gegen bestehende Ungerechtigkeit im äußeren Leben und in der eigenen Seele zu wehren – sondern aus der Vorstellung lebt, „Bravsein" könnte letztlich bewirken, dass Liebe und Frieden ins eigene (Seelen-)Leben einziehen.

Auch wenn es so nicht geschrieben steht, auch wenn es ein bisschen hineininterpretiert ist, so könnte auch ebendiese Mischung aus Minderwertigkeitsgefühl und überhöhtem Selbst„wert"gefühl den Zöllner Zachäus beherrscht haben. Einerseits war er tatsächlich vielen anderen durch sein Amt überlegen, konnte sie unterdrücken und bedrängen oder ihnen Nachlass und Erleichterung verschaffen, andererseits war er ebendeshalb tatsächlich verachtet und gefürchtet, jedenfalls nicht geliebt. Wir wissen ja nicht, warum er den verachteten Beruf eines Zöllners ergriffen hat. Vielleicht hatte er tatsächlich keine andere Möglichkeit zu überleben, als sich ausgerechnet mit den Unterdrückern seines Volkes zu solidarisieren. Vielleicht hat er sogar gehofft, durch diese unheilvolle Kooperation wenigstens von dort ein bisschen Anerkennung zu bekommen. Kinder, deren Eltern einen allzu strengen, unbarmherzigen oder sogar gewalttätigen „Erziehungsstil" pflegen, übernehmen oft genau diese Form eines eher verächtlichen Umgangs mit anderen Menschen – vor allem aber mit sich selbst, als müssten die unterdrückenden und (selbst-)verachtenden Umgangsformen bis ins Erwachsenenalter fortgesetzt werden –, weil sie nichts anderes kennen oder weil sie nicht wagen, sich endlich von ihren Eltern, oder wer immer die Rolle der „Erziehenden" übernommen hat, zu trennen. Zu groß ist die frühe und wirksame Angst, dass ein Entrinnen unmöglich und zu nur immer härteren Strafen führt. Größer noch als die Angst vor Strafe und Unterdrückung ist oft die kindliche, aber hochwirksame Angst, die Eltern ganz zu verlieren und damit letztlich das eigene – kindliche – Leben zu gefährden. Die Folge ist eine Art „Umdeutung": Das an sich schmerzhafte und lebensfeindliche Verhalten der Erziehenden wird als

„gut“ und „angemessen“ gedeutet, die eigene Person als entsprechend „strafwürdig“ abgewertet – denn die Eltern können sich schließlich nicht irren, es sind doch die allwissenden Eltern! –, und so wird die Selbstentwertung und Selbstbestrafung fortgesetzt bis ins Erwachsenenalter – in welcher offenkundigen oder subtilen Form auch immer.

Dieses Systeme funktionieren, solange sie nicht einer wirklichen Liebe begegnen. Menschen, die gelernt haben, sich selbst und andere eher zu verachten, können sehr häufig nur schlecht oder gar nicht damit umgehen, dass sie geliebt werden. Andere Menschen, die sie lieben, werden als schwach angesehen, denn „wenn die oder der *mich*, die ich doch so böse und minderwertig bin, liebt, dann muss sie ja dumm oder schwach oder noch Schlimmeres sein“. Andererseits ist gerade die Sehnsucht nach Liebe und Angenommensein unglaublich groß. Die Folge ist eine Art „Double-bind-Spiel“ in den Beziehungen: Wenn der Partner sich entfernt, weil er die (Selbst-)Verachtung des geliebten Menschen nicht aushält, wird er festgehalten und angefleht, doch zu bleiben. Wenn er aber bleibt, bestätigt sich nur, dass er eben nicht weiß, wie schlecht der geliebte Mensch in Wirklichkeit ist, und er wird sich zurückziehen oder ihn kränken. Größenwahn und Minderwertigkeitsgefühl sind die beiden Seiten derselben Ursache, Nähe und Distanz gelangen selten in ein harmonisches Gleichgewicht voller Freiheit und Zuwendung zugleich.

Und welchen Ausweg gibt es aus diesem Dilemma? So einfach es klingt, so schwierig ist es auch: Der Ausweg ist nur die Geduld und die Gnade Gottes und die beharrliche Liebe trotz allem.

Vielleicht hat Jesus deshalb zu Zachäus gesagt: „Noch heute *muss* ich in deinem Hause einkehren.“ Einen

Menschen zu lieben, der sich selbst nicht liebt und Liebe mit Leistung und Pflichterfüllung gleichsetzt, in dessen Erfahrung es „Liebe“ genannt wurde, wenn er fügsam und unterwürfig blieb, einen solchen Menschen in die Liebe zurück- und hineinzulieben erfordert große Kraft, Langmut und Geduld und eine wirkliche Liebe, die viel mehr ist als ein bloßes vorübergehendes Interesse oder eine kurze, aufflackernde Faszination.

Diese Liebe braucht die Kraft zu leiden, Schmähung und Kränkung auszuhalten, ohne sie sich zu Herzen zu nehmen. Sie braucht die innere Stärke, Ungerechtigkeit auszuhalten, aber auch die eigene Grenze zu wahren und sie klar zu formulieren. Sie braucht die Langmut, nachzuholen, was offenbar über viele Jahre und Jahrzehnte versäumt wurde an ehrlicher Wertschätzung und bedingungsloser Zuwendung – eine Bedingungslosigkeit, die die Person des Anderen meint und ihn trotzdem auf Fehler hinweist und eigenes Verletztsein benennt und nicht fortsetzen will. Es ist eine Liebe, die zunächst nicht mit allzu viel ehrlicher Erwiderung rechnen kann, weil der bisher ungeliebte Mensch die Liebe überhaupt erst lernen muss. Tatsächlich ist es wohl so etwas wie eine „therapeutische“ Liebe, ohne sie deshalb ausschließlich in die Zuständigkeit der professionellen Therapeuten und Therapeutinnen verweisen zu wollen. Es ist eine Liebe, die vor allem von zweckfreier und weitgehend selbstfreier Liebe getragen ist, eine Liebe, wie sie eigentlich nur Gott selbst schenken kann.

Und so ist sie dann wohl auch. Wenn es gelingt, einen Menschen, der die Liebe nicht kennt, zur Selbstliebe und zur Liebe zu einem anderen Menschen allein durch eine klare und aufrichtige Liebe zu führen, dann ist die Liebe

Gottes in einem Menschen wirksam, und wenn es geschenkt wird, auch in zwei Liebenden.

Noch heute muss ich in deinem Hause einkehren: Es ist eine Herzensberührung, so angesprochen und angesehen zu werden, und es ist eine Offenbarung des liebenden Gottes, wenn er zwei Menschen zu einer solch lebensrettenden Liebe befähigt und stärkt. Das ist dann wirklich ein direkter Liebesstrom aus dem Schalom, dem Heilsraum Gottes, der diesen Raum der Heilung und der Liebe in dieser Welt weiten und erfahrbar werden lassen will.

Und so unwahrscheinlich es klingt und so schwer der Weg zuweilen wird – es gelingt, wenn ER mitgeht und wenn das eigene Herz sich für diese große Kraft öffnet. Dann wird auch die junge Pfarrerin glauben und wirklich erfahren, dass Gott sie liebt, dann wird sie sich erlauben, sich selbst aus dem Zwang und der „Knechtschaft" zu entlassen, und sie wird lernen, sich und andere zu lieben, einfach so. Sie wird das, was sie tut, in Freude tun, und was sie nicht tun kann oder will, wird sie in Frieden lassen können, ohne dass sie sich selbst oder andere dafür mit Verachtung und Entwertung bestrafen muss. So wird die Liebe zum Therapeutikum, und Er selbst wird mitten darin wirken und erfahrbar werden, mitten in diesem Leben schon.

Lieben von ganzem Herzen – die Liebe als geistlicher Weg

Es trat zu Jesus einer von den Schriftgelehrten, der ihnen zugehört hatte, wie sie miteinander stritten. Und als er sah, dass er ihnen gut geantwortet hatte, fragte er ihn: Welches ist das höchste Gebot von allen?
Jesus aber antwortete ihm: Das höchste Gebot ist das: „Höre Israel, der Herr, unser Gott, ist der Herr allein, und du sollst den Herrn deinen Gott lieben von ganzem Herzen, von ganzer Seele, von ganzem Gemüt und von allen deinen Kräften“. (5. Mose 6,4f)
Das andere ist dies: „Du sollst deinen Nächsten lieben wie dich selbst“. (3. Mose 19,18)
Es ist kein anderes Gebot größer als dieses.
Und der Schriftgelehrte sprach zu ihm: Meister, du hast wahrhaftig recht geredet! Er ist nur einer, und ist kein anderer außer Ihm. Und Ihn lieben von ganzem Herzen, von ganzem Gemüt und allen Kräften, und seinen Nächsten lieben, wie sich selbst, das ist mehr als alle Brandopfer und Schlachtopfer.
Als Jesus sah, dass er verständig antwortete, sprach er zu ihm: Du bist nicht fern vom Reich Gottes. Und niemand wagte mehr, ihn zu fragen.

(Markus 12,28–34)

Es geht ums Ganze. Die Gelehrten, die Schriftkundigen, die, die nach der Weisheit und Gegenwart Gottes in der Schrift und im Leben forschen, sitzen beieinander und „streiten“. Was sich nach kontroverser Auseinandersetzung in scharfen Worten anhört, ist einfach die übliche Weise jüdischer Schriftauslegung. Anders als in der christlichen und zumal kirchlichen Tradition, die von einer „richtigen“ und „falschen“ Auslegung der Schrift ausgeht und die jeweils als „richtig“ erkannte mit Dogmen und Lehrmeinungen festlegt und die jeweils als „falsch“ angenommene verwirft, gibt es im jüdischen Schrift- und Weltverständnis immer ein „sowohl als auch“. Es kommt nicht auf das Erkennen einer vermeintlichen Wahrheit an – denn die liegt allein bei Gott –, sondern auf das Gespräch, das Argumentieren, auf die Länge der unterschiedlichen Wege zum Verständnis der Schrift und Gottes Gegenwart darin. Wie weise und wie demütig – denn wenn ein Mensch meint, die einzig gültige Wahrheit zu besitzen, könnte es sein, dass er sich Gott gleich machen will – wie gefährlich, hochmütig es außerdem wäre, weil es letztlich die lebendige Beziehung infrage stellt, in der sich Gott immer wieder neu und aus freiem Willen je anders offenbart.

Jesus also und die Gottsucher betreiben Schriftauslegung. Obwohl Jesus bekanntlich kein Theologe und kein Gelehrter im herkömmlichen Sinn mit Studium und Examen ist, hält er diesem Streitgespräch stand und kann die anderen mit Argumenten überwinden. Denn er *hat* keine Lehre und keinen Weg zur Erkenntnis, er *ist* selbst die Lehre und der Weg und die Wahrheit und das Leben.

Die anderen ahnen, dass er aus einer anderen Vollmacht als sie selbst spricht. Und so fragt denn einer, der zugehört hat, nun nach dem Wesentlichen, nach der Herzmitte der Schrift, nach dem einen Weg, der die Menschen ins Leben führt: *Welches ist das höchste Gebot von allen?*

Was ist es, auf das wir keinesfalls verzichten dürfen? Welche unserer vielen Aktivitäten, Übungen, Erkenntnisse, welches Gebet, welche Liturgie, welcher philosophische Grundsatz und welche theologische Lehre, welche Weisung zum Leben ist die allerwichtigste? Wenn ich für nichts und niemanden sonst mehr Zeit habe, wenn ich mich im Labyrinth des Lebens verliere und mich in meinem Terminkalender verirre, wenn ich die Orientierung verloren habe und nur noch nach dem Einen, dem Allerwesentlichsten in meinem Leben suche – was rätst Du mir?

Und Jesus geht ganz an den Anfang zurück. Er entwirft keine neue spirituelle Praxis, gründet keine neue Schule oder Gemeinschaft, er baut kein neues Haus und kein Gebäude aus Worten – er führt uns in die Herzmitte der Thora zurück, ja in das Herz GOTTES und in unser eigenes Herz:

Du sollst lieben: Gott, deinen Nächsten, dich selbst.

Aber kann denn Liebe verordnet werden wie eine Schulaufgabe oder wie eine Verkehrsregel? Was ist das für ein Satz: „Du sollst lieben“? Um dieses „du sollst“ richtig zu verstehen, ist es hilfreich, die hebräische Verbform, die an dieser Stelle steht, zu kennen. Sie kann sowohl mit „du sollst“ als auch mit „du wirst“ übersetzt werden. Martin Luther hat in seiner Übersetzung der Heiligen Schrift das „du sollst“ gewählt, aber es hatte in seiner Zeit eine viel weitere Bedeutung, als es heute der Fall ist. In manchen Märchen findet sich bis heute derselbe Sprachgebrauch. Da geht dann zum Beispiel die Weisung an einen jungen Prinzen oder einen anderen Helden, diese oder jene schwere Aufgabe zu erfüllen, und zur Belohnung „sollst du dann die Königstochter zur Frau bekommen“ – das heißt, er *wird* sie bekommen (hoffentlich ihr Einverständnis vorausgesetzt!). Oder es findet sich die Formulierung: „Dann soll es dir nicht schlecht ergehen“ – das heißt, es wird dir gut gehen, wenn dies oder jenes eintritt.

So also können wir auch die Zehn Gebote, die mit demselben „du sollst" beginnen, auch mit „du wirst" übersetzen – den HERRN, deinen Gott lieben, du *wirst* den Feiertag heiligen, du *wirst* nicht töten, nicht stehlen, nicht begehren. Und hier also: „Du *wirst* den HERRN deinen Gott lieben von ganzem Herzen, ganzem Gemüt und mit allen deinen Kräften." Und: „Du *wirst* deinen Nächsten lieben wie dich selbst."

So steht es geschrieben im 5. und 3. Buch Mose, und Jesus nennt diesen Dreiklang der Liebe – denn es ist kein Doppelgebot, wie noch immer gesagt wird, sondern notwendigerweise ein Dreiklang! – als das Allerwichtigste, das uns Menschen als Wegbeschreibung, Orientierungshilfe, Lebensmitte geschenkt ist.

Du wirst lieben. Wann? Unter welchen Voraussetzungen? Was muss ich tun oder unterlassen, um in dieses „du wirst lieben" hineingenommen zu werden? Was hat mich denn bisher gehindert, in und aus dieser Liebe zu leben? Vielleicht ist eine erste Antwort darauf in dem vorangehenden Wort enthalten, das Jesus zitiert.

Das höchste Gebot ist das: „Höre, Israel, der Herr, unser Gott, ist der Herr allein ...".

Höre. Mit diesem einen Ruf beginnt eines der wichtigsten, wenn nicht das wichtigste Wort in der ganzen Heiligen Schrift, das jüdische Glaubensbekenntnis bis heute. Höre. Hör hin.

Das Hören ist der erste und letzte Sinn im Leben des Menschen und eine der zentralen menschlichen Erfahrungen in der sinnenhaften Wahrnehmung – in der Bibel, auch in der Regel des Heiligen Benedikt, der seit 1500 Jahren nicht nur für Mönche und Nonnen aus der Bibel abgeleiteten Lebenshilfe. Deshalb lohnt es sich, einen Augenblick zu verweilen, weil offenbar alles Verstehen davon abhängt, ob wir auch wirklich hören können.

> *Höre. Höre mein Sohn auf die Lehren des Meisters und neige das Ohr deines Herzens.*
>
> (Prolog 1)

Mit diesem Wort beginnt die Benediktsregel. Sie wendet sich an alle, die sich auf die Suche nach dem Sinn, dem verlorenen Paradies, nach dem wirklichen Leben in der Gegenwart Gottes begeben. Auch das erste Wort, das die Heilige Schrift dem Adam, dem Urmenschen, in den Mund legt, lautet: *Ich hörte dich und fürchtete mich.* Ich Erdgeborener hörte dich, Ewiger Gott, in dem Garten und erschrak.

Dieses Hören, dieses leise Aufschrecken ist offensichtlich nicht immer angenehm. Was geschieht denn, wenn ich plötzlich „höre", dass ich gar nicht mehr viel höre, am wenigsten Seine Stimme? Was ist, wenn ich plötzlich meine eigene Unsicherheit spüre, meine Leere, mein Routine, die so gar nichts mehr mit Liebe zu tun hat? Und was wird sein, wenn ich plötzlich merke, dass nur dies mein eigentlicher Antrieb ist Tag für Tag: die Angst zu versagen, den Ansprüchen nicht zu genügen oder einfach nur zu spüren, dass ich längst leergelaufen bin, ohne Verbindung zur lebendigen Quelle?

Immer wieder kommen Menschen und suchen nach einem Weg, auf dem sie ihre Sehnsucht wiederfinden, vielleicht ihre Sehnsucht nach Liebe leben können. Immer wieder kommen Menschen, die nicht (mehr) wissen, was eigentlich ihre Sehnsucht ist, was sie vor vielen Jahren einmal gerufen und gelockt hat auf einen Weg der Nachfolge, der Hingabe.

Immer wieder kommen Menschen, die sich in ihrer Arbeit, in ihren Beziehungen, nicht selten auch in ihrem Eifer für den lebendigen Gott erschöpft haben, Menschen, die wie Elia unter dem Wacholderbusch liegen und einfach nur noch flüstern: Herr, es ist genug, ich bin nicht besser als meine Väter und Mütter. Gerade bei sozial und geistlich engagierten und gläubigen Menschen bricht dann die Sinnkrise und im schlimmsten Fall das „Burn out" herein. Sie tun alles – und sie tun plötzlich zu viel.

Menschen, die so unmittelbar angerührt wurden oder einfach in diesen Ruf zur Nachfolge, in dieses Ahnen hineingestellt sind, dass es mehr geben könnte als unser kleines begrenztes Ich und unsere kleine beschränkte Zeit, diese Menschen entwickeln nicht selten einen wirklichen Eifer, einen Eifer durchaus für die Liebe, die sie empfangen haben und die sie nun mit großer Anstrengung weitergeben wollen. Sie *tun* oft viel, um dem Glauben und der Liebe sichtbare Gestalt zu geben in Worten und Werken. Sie achten auf untadelige Lebensführung und tätige Frömmigkeit, sie wirken oft sehr ernst, sehr bestrebt, etwas für Ihn und Sein Reich zu gewinnen. Mit anderen Worten: Sie *arbeiten* daran, dass die Liebe, gerade die Liebe Gottes und das Evangelium durch sie wirksam werden, dass diese Welt durch ihr Tun ein kleines bisschen menschenwürdiger wird. Häufig tun sie das mit nicht geringer Anstrengung.

Paulus unterscheidet sich darin nicht von Luther, Elia nicht von manch frommem Eiferer unserer Tage. Sie tun oft unendlich viel, oft unendlich kostbare Dinge, wirken segensreich und manchmal begeisternd. Manchmal wirken sie allerdings auch ein bisschen intolerant (siehe Paulus, siehe Elia) oder lieblos, und wenn man nicht aufpasst, droht die Gefahr einer gewissen Engherzigkeit und eben auch Überanstrengung:

Denn je mehr ich mich anstrenge, je mehr ich arbeite und daher vielleicht auch erreiche, desto mehr werde ich bestrebt sein, dieses Erreichte auch zu schützen – vor Dieben und Räubern oder solchen, die mein schönes Denk-, Lehr- und Glaubensgebäude etwa in Frage stellen. Meine Art zu denken, zu glauben, zu lieben wird dann die einzig gültige – die ich verteidige gegen alle, die anders reden und handeln und, wenn es sein muss, auch gegen den Geist der Liebe, der mich vielleicht längst in eine neue Lebensweise, Erkenntnisstufe und Erfahrung führen will. Das geht dann nicht, das stört – weil es mir Vertrautes nehmen könnte. Und so kann es unmerklich und beiläufig geschehen, dass gerade das, was ich doch aus Liebe getan habe und erreichen will oder sogar erreicht habe, plötzlich zum *Besitz* wird, der mich einschränkt und festlegt, manchmal sogar zum Zwang, und dann wird aus dem befreienden Glauben an Christus ein geradezu lebensbehindernder Käfig. Aus Liebe wird Angst. Wenn mein ganzes Denken und Fühlen, Planen und Wünschen von einer „Besitzstandwahrung" dominiert wird und nicht mehr für einen Weg offen ist – dann belebt mich nicht der Glaube an IHN und die Liebe zu den Menschen, sondern es erfüllt mich schlimmstenfalls meine Angst vor IHM und den Menschen.

Wenn die Angst groß wird und das Leben vertrocknet, wenn eben nichts mehr zu hören ist aus dem Raum Gottes und der Stimme meines Herzens, wenn mein Tun und Lassen nicht mehr liebevoll, sondern nur noch automatisiert oder gar zynisch und schleppend geschehen, dann kann es sein – und hoffentlich ist es so! – , dass manche Menschen innehalten und fragen: Wo sind der Sinn, die Freude in meinem Leben geblieben? Warum kann ich nichts mehr fühlen, am wenigstens so etwas wie Liebe?

Wie finde ich den Weg zurück zum Wesentlichen? So hat der Schriftgelehrte auch gefragt und oft stellen die Jünger Jesu eine ähnliche Frage: Was sollen wir denn tun?

Es ist dies der Augenblick, in dem Menschen sich in eine Beratung, Therapie, in die geistliche Begleitung begeben. Und wiederum: Wie gut, wenn eine oder einer sich selbst und das eigene Leben für wichtig genug hält, genau das zu tun – um des Lebens willen. Sie kommen dann oft mit der Frage des reichen Jünglings: „Was soll ich tun, um das ewige Leben zu erlangen?" Was soll ich denn tun, um Deine Gegenwart, Gott, zu spüren, von der ich so viel rede und die ich doch nicht oder nicht mehr spüre?

Manchmal geht diese Erfahrung irgendwie einher mit dem Erleben vom Scheitern – ein Wort, das viele, gerade sehr engagierte und erst recht engagiert fromme Menschen fürchten. Es geht um die Erfahrung, dass meine eigene Anstrengung – und sei sie noch so gut geplant, „kompetent, nachhaltig, ressourcenorientiert und zielführend", sei sie auch fromm und traditionsgebunden und auch ganz richtig – letztlich nichts fruchtet, wenn sie nur oder vor allem von dem Bestreben getragen ist, anderen Menschen und Gott zu gefallen, IHM ein Lob zu entlocken, ihm einen Dienst zu erweisen und uns damit vor Strafe zu bewahren.

Das ist die Erfahrung Martin Luthers und des Paulus – beide waren Eiferer vor dem HERRN und für den HERRN und beide sind um GOTTES und der Liebe willen gescheitert in ihrem Leistungszwang. Und so konnte gerade durch sie die Freiheit in Liebe sich offenbaren und weitergetragen werden. Die Befreiung von jeder Art von Leistungsdruck und die Hinwendung zur Liebe sind die eigentliche Botschaft des Evangeliums: Wir können Liebe, Glaube, Lebenssinn nicht produzieren, nicht erzwingen. Wir können Gotteserfahrung nicht erzeugen, erfolgreiche Verkündigung und Gemeindeaufbau nicht erbringen, erst recht keine Visionen für die Zukunft.

Wenn dann der Augenblick gekommen ist, dies zu erkennen, zu fühlen, unseren „Machbarkeitswahn" wirklich aufgeben zu müssen – was dann? Dann kann uns die Aufforderung Jesu an den reichen Jüngling treffen: Verkaufe, was du hast, und gib es den Armen. Verkaufe alle deine geistlichen Sicherheiten. Lass das Zuviel los, das dein Herz und deine Sinne verwirrt, und lass dein Herz wieder eins werden, geordnet von der Einen Liebe und dem Einen Gott. Verkaufe deine Vorstellung, dass du irgendetwas selbst tun könntest, um dich vor irgendetwas oder für irgendetwas zu bewahren.

Dieses „Verkaufen", dieses Loslassen und sich der Kraft und Liebe GOTTES zu überlassen, ist meistens ein sehr schwerer Schritt – der aber auf dem wirklichen geistlichen Weg, dem eigentlichen Glaubensweg nicht ausbleiben kann. Erst diese wirkliche Aufgabe und Hingabe des eigenen Wollens und Vermögens führt zu dem, was mit dem Begriff Transformation bezeichnet wird – die Wandlung zu einem wirklich liebevollen, christusförmigen Menschen.

Paulus schreibt nach dieser Transformation in seinem Brief an die Galater den großen Satz: *Ich lebe, doch nun nicht ich, sondern Christus lebt in mir.*" (Galater 2,20) Das ist kein Bekenntnis, sondern eine Feststellung. Vielleicht ein Staunen. Der Weg zurück in diesen Uranfang, zurück in das Wort Gottes, das bis heute zu hören ist, der Weg zurück in dieses Sich-lieben-Lassen, um frei und ohne Anstrengung zu lieben, ist oft weit und mühevoll – wie jeder Weg in die Freiheit. Diesen Prozess zu erleben kommt einer wirklichen Wandlung gleich, die nach Möglichkeit auch begleitet werden sollte.

Der Mensch durchläuft in der Regel Erfahrungen, die von Trauer über das begleitet werden, was loszulassen, was nicht gelungen ist, was mich von mir selbst und von Gott getrennt hat. Trennungen werden auf diesem Weg erlebt, Trennungen von Selbst- und Weltbildern, erst recht von Gottesbildern, die sich oft als einfache Überhöhungen von „Menschenbildern" entpuppen.

Furcht kann sich einstellen, denn das alte gewohnte Lebensmuster und Handlungskonzept trägt nicht mehr, das neue ist noch nicht sichtbar oder nicht erprobt. Alles fühlt sich nach Fremdheit, Verlorenheit, zuweilen nach Tod an. Hier ist es sehr hilfreich, einen Begleiter oder eine Begleiterin zu kennen, die auf diesem Weg mitgeht und hilft, die Verbindung zum Wort Gottes und zur eigenen Sehnsucht zu halten, die ermutigt und das Ziel im Blick behält. Irgendwann wird es dann geschenkt, dass der Atem wieder freier wird, der Blick sich hebt, der nächste Schritt sich abzeichnet – und im eigenen Herzen wieder Liebe und Frieden einziehen. Die Liebe zu Gott, der auch durch diese Abgründe und Finsternisse hindurchführt, die Liebe zu anderen Menschen, in denen ich keine Bedrohung und Konkurrenz mehr bekämpfen muss, sondern in denen ich Geschwister erkenne, und sogar die Liebe zu mir selbst, wenn ich begreife, wem ich mich verdanke in jedem Augenblick und mit jedem Atemzug – dem Einen Gott, der mich in Liebe erhält bis zu diesem Tag. Søren Kierkegaard hat diesen Weg der Umkehr und Rückkehr ins Leben in einem bemerkenswerten, paradoxen Satz zusammengefasst:

Ich wäre untergegangen, wenn ich nicht untergegangen wäre.

Die Frucht aus all dem ist Liebe, wirkliche, absichtslose, sich hinschenkende Liebe, die weiß, dass sie selbst Geschenk ist und gar nicht anders kann, als sich zu verströmen. Wenn ich mich nicht mehr anstrengen muss, irgendjemandem noch etwas zu beweisen – auch mir selbst nicht, auch Gott nicht –, brauche ich auch niemanden mehr abzuwerten, kleinzureden, auszugrenzen, der mich durch sein bloßes Anderssein in Frage stellen könnte. Mehr noch: Je genauer ich um meine eigene Gebrechlichkeit weiß, desto höher kann ich das unglaubliche, aber wahre Geschenk schätzen, das Gott mir durch Seine Menschwerdung und unsere Erlösung am Kreuz hat zuteil werden lassen. Und weil ich dann ganz allmählich begreife, wie unübertrefflich dieses Geschenk ist, brauche ich niemanden mehr um etwas zu beneiden. Ganz im Gegenteil: Ein Mensch, der sich geliebt weiß, kann teilen – Güter ebenso wie Liebe und sogar Leiden.

Und langsam, langsam, ohne Absicht, ohne Anstrengung, wird ein solcher Mensch dann wirklich liebesfähig und liebevoll, mit geeintem Herzen geborgen im Herzen des Einen Gottes, zumindest immer wieder einmal. Und das reicht aus. Es reicht aus, um zu lieben und sich lieben zu lassen, von den anderen Menschen, von sich selbst, von Ihm, dem liebenden Gott.

Nachwort: „Liebe nur, und dann tu, was du willst“

(Augustinus)

Es müsste ein Buch sein, das ermutigt zur Liebe – gegen alle Widerstände, allein aus purer Freude am Leben und als Dank an Den, der die Liebe ist.

So steht es in einem kurzen Mail-Wechsel mit der zuständigen Lektorin dieses Buches vom Präsenz-Verlag. So ein Buch müsste es sein, ein Buch über die Liebe, ein Buch, das auch zum Widerstand ermutigt gegen alles, was das Leben beschneidet und die Liebe verleugnet. Ist das schon gelungen?

Die einzelnen Kapitel sind hineingedacht und herausgeschrieben aus verschiedenen Lebenssituationen und Liebesgeschichten. Und doch fehlt noch etwas oder muss noch deutlicher gesagt werden: der unbedingte Anspruch der Liebe gerade dann, wenn ihr widersprochen wird, gerade dann, wenn die größte Gegenkraft der Liebe, die Angst nämlich, uns behindert, den Weg verdunkelt und das Herz verwirrt. Neale Donald Walsch hat in seinem Buch „Gespräche mit Gott“, Band I, einen Dialog zwischen Gott und einem suchenden Menschen geschrieben, in dem sich folgende „Gottesrede“ findet:

Ihr seid gelehrt worden, in Angst und Furcht zu leben. Man hat euch gesagt, dass nur die Fittesten überleben, die Stärksten siegen, die Schlauesten Erfolg haben. Sehr wenig wird zum Lobpreis jener gesagt, die am liebevollsten

sind. Und so strebt ihr – auf die eine oder andere Weise – danach, die Fittesten, die Stärksten, die Schlauesten zu sein, und wenn ihr dann bemerkt, dass ihr in irgendeiner Situation weniger seid als das, habt ihr Angst vor Verlust, denn man hat euch gesagt, dass weniger sein verlieren bedeutet.
Und natürlich entschließt ihr euch zu der Handlung, die euch die Angst eingibt, denn das wurde euch beigebracht.
Doch ich lehre euch dies: Wenn ihr euch für die Handlung entscheidet, die euch die Liebe eingibt, werdet ihr mehr als nur überleben, als nur gewinnen, als nur Erfolg haben.
Dann werdet ihr in ganzer Herrlichkeit erfahren, wer ihr wirklich seid und wer ihr sein könnt.

Ich fand diesen kostbaren Text in einem Liebesroman, dem er vorangestellt war. Seitdem habe ich ihn immer wieder zitiert, immer dann, wenn ich in Einzelgesprächen oder in Referaten mit Menschen sprach, die in Entscheidungssituationen waren, die sich in der einen oder anderen Weise von ihrem Leben überfordert fühlten, die plötzlich merkten, dass in ihrem Leben das Allerwichtigste fehlt: die Lust, die Leidenschaft, die Liebe. Ohne die Liebe ist alles andere bestenfalls halb, aber eigentlich zutiefst leer. Sehr poetisch und sehr wahr besingt Paulus dies in dem anderen Lobpreis, der in der Bibel zu finden ist, im „Hohenlied der Liebe“ im ersten Korintherbrief:

Wenn ich mit Menschen- und mit Engelzungen redete und hätte die Liebe nicht, so wäre ich ein tönendes Erz oder eine klingende Schelle.
Und wenn ich prophetisch reden könnte und wüsste alle Geheimnisse und alle Erkenntnis und hätte allen Glauben,

sodass ich Berge versetzen könnte, und hätte die Liebe nicht, so wäre ich nichts.
Und wenn ich alle meine Habe den Armen gäbe und ließe meinen Leib verbrennen und hätte die Liebe nicht, so wäre mir's nichts nütze.
Die Liebe ist langmütig und freundlich, die Liebe eifert nicht, die Liebe treibt nicht Mutwillen, sie bläht sich nicht auf,
sie verhält sich nicht ungehörig, sie sucht nicht das Ihre, sie lässt sich nicht erbittern, sie rechnet das Böse nicht zu, sie freut sich nicht über die Ungerechtigkeit, sie freut sich aber an der Wahrheit; sie erträgt alles, sie glaubt alles, sie hofft alles, sie duldet alles.
Die Liebe hört niemals auf, wo doch das prophetische Reden aufhören wird und das Zungenreden aufhören wird und die Erkenntnis aufhören wird.
Denn unser Wissen ist Stückwerk und unser prophetisches Reden ist Stückwerk.
Wenn aber kommen wird das Vollkommene, so wird das Stückwerk aufhören.
Als ich ein Kind war, da redete ich wie ein Kind und dachte wie ein Kind und war klug wie ein Kind; als ich aber ein Mann wurde, tat ich ab, was kindlich war.
Wir sehen jetzt durch einen Spiegel ein dunkles Bild; dann aber von Angesicht zu Angesicht. Jetzt erkenne ich stückweise; dann aber werde ich erkennen, wie ich erkannt bin.
Nun aber bleiben Glaube, Hoffnung, Liebe, diese drei; aber die Liebe ist die größte unter ihnen.

(1 Korinther 13,1–13)

In manchem mag dieser Gesang sehr anspruchsvoll klingen, in manchem ist genau zu fragen, wie es gemeint ist, etwa wenn Paulus sagt: *Sie erträgt alles, sie glaubt alles, sie hofft alles, sie duldet alles.* Da ist gut zu unterscheiden, ob er hier von der Liebe eines Menschen oder der Liebe Gottes spricht. Und dennoch erkennt Paulus hier in ganz verdichteter Weise, dass allein die Liebe der eigentliche Wegweiser, die Richtschnur, das Maß, das Kriterium und der Weg selbst zu einem Leben ist, das wirklich Leben und nicht nur Überleben ist.

Unsere Welt ist so sehr beherrscht von Angst: Angst vor Umweltkatastrophen, Angst vor Ressourcenknappheit, Angst vor der Stärke der anderen, Angst vor dem Vorgesetzten, Angst vor Krankheit und Tod, Angst vor Arbeitsplatzverlust und Armut, Angst vor psychischer und physischer Gewalt oft im engsten persönlichen Umfeld oder mehr diffus und allgemein, dann heißt das kaum fassbare Gegenüber „der Staat" oder „die Ausländer" oder einfach „die da oben"; Angst vor eigenem Scheitern und Versagen, Angst vor der eigenen Ohnmacht, Angst davor, irgendwie verlorenzugehen im kalten Universum.

Wann, um GOTTES willen, ist uns die Liebe abhanden gekommen? Diese Kraft, die wohl die einzige ist, die die ganz allgemeine und die eigene, oft tief verborgene Angst überwinden kann? Und, noch wichtiger: Wie finden wir sie wieder? Manchmal erst dann, wenn wir merken, dass wir mit all unseren Überlebensstrategien, unseren Ersatzhandlungen, unseren Vermeidungen und „Spielen", mit denen wir anderen und uns selbst etwas vormachen, nicht mehr weiterkommen, wenn wir in irgendeiner Weise scheitern. Erst dann, wenn wir nicht nur theoretisch, sondern ganz real und physisch erfahren, dass wir selbst gar nichts mehr tun können, um uns vor irgendeiner Bedrohung wirklich zu bewahren. Wenn wir – manchmal schmerzlich – lernen müssen, dass wirklich nur die Liebe und also Gott uns im Leben hält und diesem Leben Richtung, Sinn und eine tiefe Freude schenken kann, die wirklich von äußerem Status, von Sicherheiten und gesellschaftlichen Rollen unabhängig ist, die wir auf die eine oder andere Weise einnehmen. Wenn wir auf dem Grund des eigenen Unvermögens, und das heißt auch: auf dem Grund des eigenen Herzens, angekommen sind, dann werden wir dort Liebe finden, nichts als Liebe, Gottes Liebe. Das ist der Urgrund unseres Lebens.

Von dort her ist das Leben zu leben und von dort her erhält es seine Würde und Schönheit. In dieser Urkraft zu leben ist die eigentliche Berufung unseres Menschseins, weil sie uns mit dem Gott verbindet, der uns erschaffen hat, uns bei unserem Namen ruft und in ein wirkliches Leben in Seiner Gegenwart lockt. In dieser Gewissheit konnte Bischof Augustinus sagen: Liebe nur, und dann tu, was du willst.